¿El diablo me obligó a hacerlo?

I0807931

Libros de la serie
"Preguntas que hacen los cristianos":

¿Dónde estaba Dios cuando sucedió eso? Y otras preguntas sobre la bondad de Dios, su poder y su forma de obrar en el mundo.

¿El diablo me obligó a hacerlo? Y otras preguntas sobre Satanás, los demonios y espíritus malignos

¿Está Dios en contra de los gays? Y otras preguntas sobre homosexualidad, la Biblia y atracción hacia personas del mismo sexo

¿Realmente existe el infierno? Y otras preguntas sobre el juicio, la eternidad y el Dios de amor

¿El diablo me obligó a hacerlo?

Y otras preguntas sobre Satanás, los demonios y espíritus malignos

Mike McKinley

EDITORIAL PORTAVOZ

La misión de *Editorial Portavoz* consiste en proporcionar productos de calidad —con integridad y excelencia—, desde una perspectiva bíblica y confiable, que animen a las personas a conocer y servir a Jesucristo.

Publicado originalmente en inglés por The Good Book Company con el título *Did the devil make me do it? And other questions about Satan, demons and evil spirits*, © Mike McKinley/The Good Book Company, 2013. Traducido con permiso.

Edición en castellano: *¿El diablo me obligó a hacerlo? Y otras preguntas sobre Satanás, los demonios y espíritus malignos,* © 2018 por Editorial Portavoz, filial de Kregel Inc., Grand Rapids, Michigan 49505. Todos los derechos reservados.

Traducción: Rosa Pugliese

Ninguna parte de esta publicación podrá ser reproducida, almacenada en un sistema de recuperación de datos, o transmitida en cualquier forma o por cualquier medio, sea electrónico, mecánico, fotocopia, grabación o cualquier otro, sin el permiso escrito previo de los editores, con la excepción de citas breves o reseñas.

A menos que se indique lo contrario, todas las citas bíblicas han sido tomadas de la versión Reina-Valera © 1960 Sociedades Bíblicas en América Latina; © renovado 1988 Sociedades Bíblicas Unidas. Utilizado con permiso. Reina-Valera 1960™ es una marca registrada de American Bible Society, y puede ser usada solamente bajo licencia.

El texto bíblico indicado con «NVI» ha sido tomado de *La Santa Biblia, Nueva Versión Internacional*®, copyright © 1999 por Biblica, Inc.® Todos los derechos reservados.

El texto bíblico indicado con «NTV» ha sido tomado de la *Santa Biblia,* Nueva Traducción Viviente, © Tyndale House Foundation, 2010. Usado con permiso de Tyndale House Publishers, Inc., 351 Executive Dr., Carol Stream, IL 60188, Estados Unidos de América. Todos los derechos reservados.

El texto bíblico indicado con «JBS» ha sido tomado de la Biblia Jubileo 2000, © 2000, 2001, 2010 por LIFE SENTENCE Publishing. Usado con permiso. Todos los derechos reservados.

EDITORIAL PORTAVOZ
2450 Oak Industrial Drive NE
Grand Rapids, Michigan 49505 USA
Visítenos en: www.portavoz.com

ISBN 978-0-8254-5824-8 (rústica)
ISBN 978-0-8254-6743-1 (Kindle)
ISBN 978-0-8254-7564-1 (epub)

1 2 3 4 5 edición / año 27 26 25 24 23 22 21 20 19 18

Impreso en los Estados Unidos de América
Printed in the United States of America

Contenido

Introducción

He tenido dos conversaciones con amigos que han definido mi forma de pensar sobre el diablo. Como cristiano en los Estados Unidos, Satanás tuvo un lugar muy pequeño en mi comprensión de cómo funciona el mundo espiritual.

Sabía que el diablo era real y leía sobre los demonios en la Biblia, pero eso no parecía tener mucho que ver con mi vida cotidiana. De hecho, los predicadores de la televisión que siempre hablaban sobre los demonios parecían un poco maniáticos, muy exagerados o demasiado interesados en el tema para su propio bienestar mental (o posiblemente los tres).

Las personas normales no pasan tanto tiempo pensando en el diablo o los demonios.

Entonces, recuerdo que un verano un amigo mío regresó de un viaje ministerial a una isla caribeña. Había estado trabajando con un grupo de la iglesia, y cuando regresó me llevó a una cafetería para contarme lo que había experimentado.

En voz baja, describió cosas que había visto que no podía explicar: objetos inanimados que volaban a través de las habitaciones, luces extrañas sin una fuente obvia, personas paradas en los techos que gritaban a gran voz, y otras que se sanaban violentamente después que oraban para que fueran libres de espíritus inmundos.

Sabía que mi amigo era un poco escéptico con respecto a este tipo de cosas y también era, sin dudarlo, la persona más sincera que conozco. Había llegado a la conclusión de que el pueblo que había visitado estaba dominado por demonios. ¿Cómo podía dar lugar en mi mente a un mundo donde realmente ocurrían este tipo de actividades demoníacas?

Incredulidad

Años más tarde, otro buen amigo mío regresó de una importante ciudad africana donde había vivido un tiempo. Había estado estudiando en un seminario de ese país. Me contó que allí todos los cristianos y pastores hablaban de los espíritus inmundos como si fueran parte normal del ministerio cristiano. Su función como pastores requería interactuar regularmente con personas que estaban bajo la influencia y el ataque de los demonios.

Cuando mi amigo comentó con sus compañeros de clase que la mayoría de los estadounidenses no cree en el diablo (una encuesta del 2009 entre cristianos estadounidenses reveló que el 60% de ellos no creía que el diablo fuera real), no podían dejar de reírse de la ignorancia del mundo occidental. Fue más o menos como decirles que la mayoría de los estadounidenses no cree en el queso, en la ansiedad o en el mes de julio; eso era negar una realidad ineludible de la vida.

Me costaba entender por qué estas experiencias parecían ser tan ajenas a mi experiencia de la vida. Era como si, después de todo, la antigua frase de C. S. Lewis de *Cartas del diablo a su sobrino* pudiera tener razón:

> *«En lo que se refiere a los diablos, la raza humana puede caer en dos errores iguales y de signo opuesto. Uno consiste en no creer en su existencia. El otro, en creer en los diablos y sentir por ellos un interés excesivo y malsano. Los diablos se sienten igualmente halagados por ambos errores, y acogen con idéntico entusiasmo a un materialista que a un hechicero».*

Si mis amigos y sus experiencias eran correctas y la realidad demoníaca era en verdad una parte normal de la vida aquí en la tierra, ¡entonces estaba viviendo sin consciencia de una importante realidad del mundo en el que vivía! Tal vez la trampa más grande de Satanás es que miles de millones de personas olviden que él existe.

Sin embargo, por sorprendente que parezca, nunca supe exactamente qué hacer con esta información. ¿Era grave no tener consciencia de los espíritus inmundos en mi vida diaria con Dios? ¿Debía comenzar a buscar al diablo detrás de mis luchas con el pecado y de los aspectos normales de mi vida? ¿O debía insistir en vivir con la confianza de que Dios se ocupa de cada detalle de mi vida? ¿Podría ser víctima del diablo por el solo hecho de no ser consciente de él?

Después de convertirme en pastor, me di cuenta de que muchas personas de mi congregación estaban haciendo las mismas preguntas. Quizá tú también.

Pues bien, espero que este libro te ayude a responder algunas de las preguntas que tal vez tengas sobre el diablo y los espíritus malignos. No obstante, antes de comenzar, permíteme poner todas mis cartas sobre la mesa para que sepas quién soy.

Creo que la Biblia dice la verdad. Debemos creer lo que dice y vivir en consecuencia. La lógica, los sentimientos y las experiencias personales pueden hacer un valioso aporte a la comprensión de este tema, pero son secundarios y están subordinados a la Palabra de Dios.

También creo que la Biblia *no dice todo lo que nos gustaría saber sobre el diablo.* No deberíamos esperar que toda nuestra curiosidad quede satisfecha y todas nuestras preguntas sean respondidas. Dios nos ha dicho lo que necesitamos saber, y eso es suficiente.

La Biblia siempre dice la verdad, *pero algunos pasajes son más claros y fáciles de entender que otros.* Habrá momentos cuando debemos ser lo bastante humildes como para aceptar: «Esta parece ser la enseñanza de las Escrituras, aunque no es explícita». Por lo general, no es prudente especular cuando se trata de un tema que despierta tanta fantasía y superstición.

Siempre que es posible, trato de mostrar cómo he llegado a mis conclusiones desde la Biblia. Te animo a leer con una Biblia abierta para que puedas analizar cuidadosamente qué te está diciendo.

Siempre debemos estudiar la Palabra de Dios con un corazón humilde, en oración para poder comprender y con la intención de obedecer.

Comencemos con algunas preguntas básicas sobre quién es Satanás y qué hace.

Capítulo 1

Sus orígenes: ¿De dónde vino Satanás?

Si comienzas a leer la Biblia desde la primera página, todo parece estar como lo esperado. Tienes a Dios, el creador y diseñador de un mundo maravilloso. Tienes la creación en sí misma, que refleja el genio de Dios en su diversidad y esplendor. Y, como pináculo de la creación, tienes al ser humano, hecho a la imagen de Dios y encargado de gobernar sobre la creación bajo la autoridad de Dios. Sin embargo, en un momento, alrededor de la página tres o cuatro (depende del tamaño de la Biblia) lees algo que parece estar totalmente fuera de lugar:

> Pero la serpiente era astuta, más que todos los animales del campo que Jehová Dios había hecho; la cual dijo a la mujer: ¿Conque Dios os ha dicho: No comáis de todo árbol del huerto? (Génesis 3:1).

¿¡Qué!?

Aquí, en una creación perfecta, un mundo que Dios creó de la nada, un mundo que Él diseñó y gobierna, algo se ha declarado en rebeldía. Una de las criaturas de Dios ahora está tratando de desacreditar su autoridad y destruir a la humanidad.

¡Esto plantea gran cantidad de preguntas! Y aunque la Biblia no nos dice todo lo que queremos saber sobre el diablo, podemos estar seguros de que Dios nos ha dicho todo lo que necesitamos saber. De modo que echemos un vistazo a lo que dice la Biblia sobre este tema.

¿Quién es la serpiente de Génesis 3?

Génesis no explica de dónde vino la serpiente ni por qué estaba tratando de tentar a Eva. Todo lo que especifica es que era parte de la creación de Dios, pero *más astuta* que todos los demás animales. Sin embargo, desde el principio está claro que se trata de algo más que una de esas clásicas serpientes de jardín.

Primero, puede *hablar*. No sé dónde tú vives, pero en la zona boscosa donde yo vivo no tenemos muchos animales que hablen. Y en ninguna parte de las Escrituras se nos da a creer que todos los animales tenían la capacidad de hablar cuando Dios creó el mundo. El otro ejemplo en las Escrituras de un animal que habla es en referencia al asna de Balaam (Números 22:28), donde dice específicamente que «Jehová abrió la boca al asna». Esto parece indicar que la serpiente de Génesis 3 estaba bajo el control de un ser personal.

A medida que avanza la historia de la Biblia, queda claro que esta serpiente es una manifestación de Satanás. Las cosas que la serpiente hace en el huerto de Edén tienen el olor distintivo de la actividad satánica. La serpiente tienta a Eva a desobedecer a Dios; autores del Nuevo Testamento (Mateo 4:3; 1 Tesalonicenses 3:5) se refieren a Satanás como «el tentador». La serpiente logra engañar a los seres humanos; el Señor Jesús llamó a Satanás «padre de mentira» (Juan 8:44). Y la serpiente se opone a la buena obra de Dios, «porque el diablo peca desde el principio» (1 Juan 3:8).

Entonces, no debería sorprendernos que Juan haga una referencia explícita en Apocalipsis 12:9, donde leemos sobre la derrota de Satanás y notamos cómo Juan se refiere a él:

> Y fue lanzado fuera el gran dragón, la serpiente antigua, que se llama diablo y Satanás, el cual engaña al mundo entero.

En este pasaje hay un claro eco de Génesis 3. Satanás es la «serpiente antigua» que engaña al mundo. Entonces podemos concluir con certeza que, aunque Génesis no utiliza específicamente el nombre «Satanás» en relación con la serpiente del huerto, la serpiente es, en efecto, una manifestación del diablo.

¿De dónde vino Satanás?

Las Escrituras no dicen mucho sobre los orígenes de Satanás. Aparece de repente en Génesis 3, y su presencia está implícita en toda la Biblia.

Según las evidencias, parece que Satanás fue creado como un ángel. Pablo dice que «se disfraza como ángel de luz» (2 Corintios 11:14), y el elemento del disfraz no se encuentra en el hecho de que parece ser un ángel, sino que parece un ángel «de luz». Aunque la Biblia no responde todas las preguntas que podamos tener sobre los orígenes de Satanás, podemos afirmar algunas cosas con certeza:

- ¡Dios creó a Satanás! Nada existe que Dios no haya creado. Dios hizo el mundo de la nada, y todas las criaturas en el cielo, en la tierra y debajo de la tierra le deben su existencia a Dios (Colosenses 1:16). Satanás no es una excepción.

- ¡Dios creó a Satanás como un ser bueno! Todo lo que Dios creó era bueno en gran manera (Génesis 1:31) y no hay pecado, engaño o tinieblas en Él (1 Juan 1:5; Santiago 1:13). Por lo tanto, podemos concluir que cuando Dios creó a Satanás, lo creó moralmente puro.

- Algunos ángeles creados se rebelaron contra Dios. Al parecer, en algún momento entre Génesis 1:31 (donde todo era bueno en gran manera) y Génesis 3:1 (la serpiente en el huerto), algunos ángeles se rebelaron contra Dios y se volvieron malvados (se habla de su rebelión en 2 Pedro 2:4 y Judas v. 6). Hablaremos más al respecto en el capítulo 3.

- Satanás tiene autoridad en el reino de los demonios. En varios puntos de la Biblia, se habla de Satanás como el príncipe de la potestad del aire (Juan 12:31; Efesios 2:2). También vemos a Satanás que toma la iniciativa en la tarea de atacar y tentar al pueblo de Dios (Job 1:6; 1 Crónicas 21:1; Zacarías 3:1).
- El mal de Satanás salió de él mismo. No fue tentado y descarriado (porque no había nadie para tentarlo), sino que actuó en pecado y engaño según su naturaleza (Juan 8:44).

Por lo tanto, Satanás es el líder de la jauría de ángeles que se rebelaron contra Dios, y fue expulsado de la presencia de Dios.

Hay bastante misterio aquí que simplemente no podemos conocer ni entender. No sabemos cómo una criatura moralmente pura podría rebelarse contra Dios. No sabemos por qué un grupo de ángeles elegiría seguir a Satanás en su rebelión. Es prudente que tengamos cuidado de no especular más allá de estos datos básicos.

¿Qué hay de Isaías 14:12-15?

Muchos cristianos a lo largo de la historia han entendido que Isaías 14:12-15 da cuenta de la caída de Satanás del cielo. En este pasaje leemos:

> ¡Cómo caíste del cielo, oh Lucero [«Lucifer», JBS], hijo de la mañana! Cortado fuiste por tierra, tú

> que debilitabas a las naciones. Tú que decías en tu corazón: Subiré al cielo; en lo alto, junto a las estrellas de Dios, levantaré mi trono, y en el monte del testimonio me sentaré, a los lados del norte; sobre las alturas de las nubes subiré, y seré semejante al Altísimo. Mas tú derribado eres hasta el Seol, a los lados del abismo.

En estos versículos, el profeta describe a alguien lleno de orgullo y con pretensiones de enaltecimiento. La ambición de esta persona los engaña a pensar que pueden ser como Dios; pero, al final, caen derribados: mueren y descienden al reino de los muertos.

A primera vista, parece una historia de fondo bastante convincente sobre Satanás. Tanto es así que, de hecho, el nombre *Lucifer* (usado en este pasaje por la versión Biblia Jubileo), se ha convertido en un nombre popular para el diablo.

La imagen que surge de esta comprensión de Isaías 14 es que Satanás (también conocido como *Lucifer*) alguna vez fue parte del círculo íntimo de Dios: un ángel de luz y una parte gloriosa de la creación de Dios. Sin embargo, en algún momento y por alguna razón, se dejó vencer por su propia ambición y trató de ser al menos igual (si no más) que Dios mismo.

Esta interpretación se popularizó a través de grandes obras literarias como *Los cuentos de Canterbury* de Chaucer y *El paraíso perdido* de Milton, quienes se valieron de la vívida imaginación de Isaías y lo aplicaron a la caída de la gracia de Satanás.

Sin embargo, si nos fijamos bien en el contexto de estos versículos, no parece que Isaías tuviera la intención principal de hacer una descripción de la caída de Satanás. Los capítulos 13 al 23 de Isaías contienen una serie de profecías contra las naciones hostiles que rodeaban a Israel. Los capítulos 13 al 14 son las primeras de estas profecías. Los versículos que comúnmente se consideran como una referencia a Satanás (14:12-15) están en medio de tales profecías.

No obstante, observa cómo Isaías mismo explica esta sección de las Escrituras. En Isaías 14:3-4, leemos:

> Y en el día que Jehová te dé reposo de tu trabajo y de tu temor, y de la dura servidumbre en que te hicieron servir, pronunciarás este proverbio contra el rey de Babilonia.

Los versículos sobre la caída de «Lucero, hijo de la mañana» están en esta sección de la profecía de Isaías. Son parte de una canción que el pueblo de Israel entonaría para burlarse del rey de Babilonia, su opresor de muchos años. Aunque una vez estremeció al mundo y derrocó sus ciudades (vv. 16-17), ahora ha sido humillado bajo la justicia de Dios. A pesar de toda su ostentación y su poderío, el rey de Babilonia es solo un hombre frágil como el resto de nosotros (v. 10), que terminará en una tumba comido por gusanos (v. 11). ¡Se puede ver que esto sería motivo de alegría para el pueblo de Israel!

Con este contexto en mente, podemos deducir que

es muy poco probable que, en medio de esta «canción burlona» más extensa, Isaías haría un intervalo (sin introducción o explicación previa) para contarnos acerca de la caída de Satanás. En cambio, estas palabras hacen una referencia más clara y natural al rey de Babilonia, cuyo orgullo y arrogancia le hicieron olvidar que era tan solo un hombre.

Podemos detectar cierta actividad y motivación de Satanás detrás del orgullo del rey, y quizá esta sea la razón por la que Jesús parece repetir este pasaje cuando habla de la caída de Satanás en Lucas 10:18. Pero no debemos tomar Isaías 14:12-15 como un intento de explicar los orígenes del diablo.

¿Es «real» el diablo o solo es una personificación del mal en la tierra?

Para muchas personas en Occidente, la idea de un espíritu maligno que trama y maquina planes para oponerse a la obra de Dios parece un poco descabellada.

Categorías como «malvado» y «maligno» parecen pasadas de moda e irrelevantes. Tendemos a usar palabras como «disfuncional» para describir el mal comportamiento de las personas, como si los seres humanos fueran máquinas que a veces no funcionan como deberían. Cuando las personas hacen cosas malas, ahora estudiamos la química cerebral, los traumas infantiles o los factores socioeconómicos en general en busca de una explicación. No parece haber mucha cabida para el diablo en el mundo moderno.

Ante esta situación, algunos cristianos se preguntan si las enseñanzas de la Biblia sobre Satanás no son más que una manera precientífica de intentar comprender y explicar el mal que todos experimentamos en el mundo. Quizá Dios decidió hablar de Satanás en la Biblia de tal manera que tuviera sentido para las personas que creían en los espíritus malignos y los demonios. Sin embargo, ahora que tenemos mayor conocimiento, podemos encontrar mejores explicaciones sobre la razón de la maldad aquí en la tierra.

Es cierto que no se puede atribuir toda la maldad directamente a Satanás. De hecho, si lo piensas, la Biblia dedica relativamente poco tiempo y energía a hablar de la actividad demoníaca. En cambio, la Biblia hace más referencia a la maldad que sale del corazón humano (Mateo 15:19) y fluye en nuestras palabras (Santiago 3:5-6) y nuestras acciones (Gálatas 5:19-21).

Transmitimos patrones de corrupción espiritual a nuestros hijos (1 Pedro 1:18) y a nuestras estructuras sociales (Santiago 4:5-6). En resumen, los seres humanos han demostrado ser pecadores bastante expertos aun sin una directa influencia demoníaca.

Sin embargo, las Escrituras dicen más que eso. Y, de hecho, no hay forma de dar sentido a las enseñanzas de la Biblia si Satanás no es un ser real y personal. Observa las diferentes actividades personales que se atribuyen al diablo:

- Habla (Mateo 4:6).
- Miente (Juan 8:44).

- Obra (1 Juan 3:8).
- Contiende (pelea) con los ángeles de Dios (Judas 9).
- Desea (Juan 8:44).
- Anda al acecho (1 Pedro 5:8).
- Piensa y maquina la manera de hacer caer a los creyentes (2 Corintios 2:11).
- Ciega el entendimiento de los incrédulos (2 Corintios 4:4).
- Engaña (Apocalipsis 20:2-3).
- Tiene una naturaleza (Juan 8:44).
- Se llena de ira (Apocalipsis 12:12).

Se puede decir que ninguna fuerza impersonal o concepto generalizado hace alguna de estas cosas. Estos son comportamientos y actividades de una *persona*. Más convincente aún (¡e importante!), el mismo Jesús trató siempre a Satanás como un ser personal. Lo llamó por su nombre repetidas veces, le habló directamente y enseñó acerca de sus obras y estrategias.

Un panorama general

Hay muchas cosas que no entendemos de los orígenes de Satanás. Dios no nos explica por qué permitió que el diablo se rebelara contra Él. No nos explica por qué no destruyó a Satanás hace mucho tiempo.

Sin embargo, debemos recordar que, básicamente, no se trata de otra cosa que una parte distorsionada de la creación de Dios. No es un dios rival. Y, a medida que avancemos en este libro, veremos que nunca sorprende, desafía o frustra a Dios. Satanás sigue siendo (en palabras de Martín Lutero) «nuestro antiguo enemigo», pero no se merece nuestro temor o ansiedad. Jesús le ha dado un golpe mortal (Hebreos 2:14); ahora solo es cuestión de esperar que llegue el final de Satanás.

¿Por qué Satanás tiene tantos nombres?

Un nombre dice mucho sobre alguien, y «el malo de la película» necesita un nombre apropiado. Imagínate si Sauron de la saga ***El señor de los anillos*** se llamara «Francisco»; ¡no sería lo mismo! La Biblia emplea nombres diferentes para referirse al maligno, y cada uno revela algo de su naturaleza. Tal vez tenga muchos, porque le encanta esconderse y disfrazarse…

El diablo (Mateo 4:1). Diablo es la versión castellana de la palabra griega para «calumniador».

Satanás (1 Crónicas 21:1). Satanás es la palabra hebrea para «adversario», y a lo largo de las Escrituras vemos que él es el adversario de Dios y su pueblo. Este nombre se repite en 1 Pedro 5:8, donde Pedro se refiere a él como «vuestro adversario el diablo».

El tentador (1 Tesalonicenses 3:5). A Satanás le encanta inducir a las personas a pecar. Y todos sabemos que trató de inducir al mismo Jesús a pecar también.

El malo (Mateo 13:19). El diablo es la personificación de la maldad y el poder detrás de ella.

El príncipe de la potestad del aire (Efesios 2:2). Satanás ejerce control espiritual sobre sus súbditos humanos, a los que se hace referencia más adelante en el versículo como «los hijos de desobediencia».

El que gobierna este mundo (Juan 16:11, NTV) y **el dios de este siglo (o mundo)** (2 Corintios 4:4). La autoridad del diablo es condicional y limitada. Solo ejerce autoridad en «este mundo».

Beelzebú (Lucas 11:15). Este nombre significa literalmente «señor de las moscas». En sus orígenes, era el nombre de un falso dios filisteo, pero se usa para referirse a Satanás varias veces en el Nuevo Testamento.

Belial (2 Corintios 6:15). Este nombre significa «inutilidad». ¡Eso muestra lo que el apóstol Pablo pensaba del diablo!

El acusador (Apocalipsis 12:10). Satanás se deleita en presentar cargos contra el pueblo de Dios.

Abadón o Apolión (Apocalipsis 9:11). Estos nombres significan «el que destruye». Satanás no crea nada, en cambio intenta destruir lo que Dios ha creado.

Capítulo 2

Su actividad: ¿Cómo es y qué hace Satanás?

Mientras escribo estas palabras, está cayendo la tarde a través de la ventana de mi oficina y hay demonios, fantasmas y brujas por dondequiera que mire. También hay muchos Harry Potters, ninjas, hombres araña y, curiosamente, una enorme langosta. Hoy es Noche de brujas o Halloween, por supuesto, y niños vestidos con trajes de vivos colores están recorriendo el vecindario en busca de chocolates, que sus padres comerán después que se hayan dormido.

Tal vez esta noche estén ocurriendo cosas aún más siniestras. Cristianos han estado repartiendo en nuestra comunidad pequeños folletos que afirman decir *La verdad sobre el Halloween*. Según el folleto, esta noche, en todo el mundo, diferentes grupos espirituales celebran Halloween (o algo así) en honor al diablo, los espíritus de la tierra o las almas de sus antepasados. Esta noche es una de las noches sagradas para los *wiccans*, los paganos y los adoradores del diablo. Entonces, lo que parece ser un inocente ritual infantil es, en realidad, una puerta de entrada a la influencia satánica.

¿Qué es, entonces, Halloween?

¿Es un simple medio para repartir caramelos a los niños? ¿Es una excusa para disfrazarse y festejar? ¿O es la noche en que las influencias satánicas están en su apogeo y debemos cerrar nuestras puertas y orar por protección?

Pues bien, este no es un libro sobre Halloween, pero detrás de ese debate se esconde una pregunta más fundamental: *¿Cómo es el diablo?*

¿Es un personaje cómico (con un tridente, cuernos y barbilla), un disfraz para que tus hijos usen? ¿O es un espíritu siniestro y poderoso que aprovecha nuestra ingenuidad? Pasemos ahora a considerar lo que dicen las Escrituras sobre cómo es el diablo y qué hace aquí en la tierra.

¿Qué trata de hacer Satanás?

Cada vez que se menciona a Satanás en la Biblia, se lo muestra en su misión de quebrantar y destruir la creación de Dios. El Señor creó a los ángeles para su propio deleite y su gloria; Satanás dirigió una hueste de ángeles en rebelión contra el Eterno. Dios creó a la humanidad para que reflejara su imagen y tuviera una vida de adoración amorosa y obediente; Satanás tentó a nuestros primeros padres a rebelarse contra

Dios. El diablo se deleita en desfigurar lo que Dios hizo y en oponerse a lo que Dios está haciendo.

Vemos en las Escrituras que, cuando Satanás y sus demonios están trabajando, tienen una amplia gama de objetivos:

- *Sufrimiento físico.* Los demonios parecen deleitarse en causar dolor y discapacidad física en las personas (p. ej., Lucas 9:39, 42).
- *Confusión mental y emocional.* Las personas endemoniadas a menudo se encuentran privadas de su capacidad de comportarse y pensar racionalmente (p. ej., Marcos 5:2-5).
- *Adoración falsa.* Deuteronomio 32:17 identifica a los falsos dioses del pueblo de Canaán como demonios. Al adorarlos, en realidad, las personas se inclinaban ante Satanás y sus hordas de demonios.
- *Inducir al pueblo de Dios a pecar.* Desde David a Pedro, Satanás tienta a los hijos de Dios a desobedecer a Dios (p. ej., 1 Crónicas 21:1 y Lucas 22:31). Maquina en contra de ellos y lucha contra ellos en todo momento (Efesios 6:10-12).
- *Evitar la salvación de Dios.* En el desierto, Satanás tentó a Jesús a abandonar el plan de Dios de salvar a su pueblo (Lucas 4:5-7). Cuando eso falló, trató de atacarlo a través de Pedro (Marcos 8:33).

En resumen, Satanás y sus demonios tratan de deshacer e impedir toda la obra de Dios, si fuera posible. El diablo se ocupa de distorsionar, aunque no puede destruir, la imagen de Dios en los seres humanos. Fomenta la incredulidad y la maldad tanto como puede. Empaña con inmundicia el espejo de la humanidad que debería reflejar la imagen de Dios. En pocas palabras, intenta robar la gloria que la creación debe a Dios.

¿Cómo trabaja Satanás? ¿Cuáles son sus estrategias?

Para lograr sus objetivos, vemos que Satanás emplea ciertas estrategias. No siempre es fácil determinar una influencia satánica directa en una circunstancia, pero podemos ver algunos patrones generales detrás de las acciones del diablo, entre los que se incluyen:

- *Ataque.* En las Escrituras vemos a algunas personas que están particularmente bajo la influencia y el ataque de los demonios. (Prefiero estas expresiones en vez de «posesión demoníaca», por las razones que veremos en el capítulo siguiente). Satanás provoca daño físico y confusión emocional a estas personas. Él y sus demonios incluso atacan a los creyentes con «dardos de fuego» (Efesios 6:16, en términos espirituales, no literales) para causarles daño espiritual.
- *Engaño.* Satanás es un mentiroso, y la mentira es su lengua materna (Juan 8:44). Engañó a

Eva (2 Corintios 11:3) y usa a los falsos maestros para engañar a los cristianos y hacerles creer cosas falsas acerca de Dios y el pecado (2 Corintios 11:13-15). Ciega el entendimiento de los incrédulos a la verdad de Jesús como su Salvador (2 Corintios 4:4). En nuestro mundo, vemos la influencia de Satanás en todas las falsas religiones e ideologías.

- *Tentación.* Satanás induce a las personas a pecar mediante la manipulación de sus debilidades, vanidades y deseos pecaminosos naturales (p. ej., 1 Corintios 7:5 y Hechos 5:3). En nuestro mundo vemos el dedo del diablo detrás de toda clase de tentaciones, desde la pornografía hasta la evasión de impuestos.

- *Frustración.* En varios pasajes de las Escrituras, leemos que el diablo impidió que los siervos de Dios cumplieran sus planes (p. ej., 1 Tesalonicenses 2:18). Sin duda, Satanás sigue instigando oposición contra Cristo y su pueblo y la difusión del evangelio cada vez que puede.

¿Cómo se relaciona Satanás con Dios?

Una pregunta básica que debemos abordar es cómo coexisten el diablo y su plan de odio y destrucción con Dios y su autoridad. ¿Cómo puede Satanás operar de esta manera en el mundo? ¿Cómo se relacionan Dios y Satanás entre sí?

A lo largo de la historia de la iglesia, los creyentes se han descarriado por no tener en cuenta las enseñanzas bíblicas sobre este tema. Por un lado, algunos se han equivocado demasiado al hacer de Satanás un dios malvado que siempre está impidiendo la voluntad de nuestro buen Dios. Por el otro lado, algunos han enfatizado tanto que Dios tiene el control de todas las cosas que, prácticamente, lo han convertido en el autor del pecado. Sin embargo, si bien la Biblia no responde de manera consciente *a todas* las preguntas que podemos tener sobre el tema, sí habla claramente de este asunto.

Si queremos entender la relación entre Dios y el diablo, debemos comenzar por este hecho verdadero: *el diablo está siempre, y en todos los sentidos, subordinado a la voluntad de Dios*. Vemos esto de manera clara en el libro de Job, donde Satanás actúa conforme a su deseo de destruir a Job y su fe. Esto merece un análisis detenido:

> Un día vinieron a presentarse delante de Jehová los hijos de Dios, entre los cuales vino también Satanás. Y dijo Jehová a Satanás: ¿De dónde vienes? Respondiendo Satanás a Jehová, dijo: De rodear la tierra y de andar por ella. Y Jehová dijo a Satanás: ¿No has considerado a mi siervo Job, que no hay otro como él en la tierra, varón perfecto y recto, temeroso de Dios y apartado del mal? Respondiendo Satanás a Jehová, dijo: ¿Acaso teme Job a Dios de balde?

> ¿No le has cercado alrededor a él y a su casa y a todo lo que tiene? Al trabajo de sus manos has dado bendición; por tanto, sus bienes han aumentado sobre la tierra. Pero extiende ahora tu mano y toca todo lo que tiene, y verás si no blasfema contra ti en tu misma presencia. Dijo Jehová a Satanás: He aquí, todo lo que tiene está en tu mano; solamente no pongas tu mano sobre él. Y salió Satanás de delante de Jehová (Job 1:6-12).

Acorde con su naturaleza, Satanás (el gran acusador) se presenta ante Dios para poner en duda la lealtad de Job hacia Él. Quiere poner a prueba a Job y afligirlo hasta que rechace la autoridad de Dios así como hizo el diablo.

Sin embargo, observa que Satanás no puede hacer nada sin el permiso del Señor. No puede llevar a cabo sus planes independientemente de la voluntad del Señor. Dios concede a Satanás el poder de probar a Job por medio del sufrimiento, pero al principio no le permite afectar la salud o la vida de Job. Solo después que Dios le da permiso (Job 2:6), el diablo puede afligir a Job con enfermedades físicas, y aun así no puede matar a Job. A pesar de odiar a Dios, Satanás no puede desafiar su autoridad.

Esto se ve aún más claro cuando Jesús comienza su ministerio terrenal. Inmediatamente después de su bautismo y tentación, Él demuestra su autoridad sobre Satanás al reprender y callar repetidas veces a los espíritus demoníacos. Las personas que lo rodeaban empezaron a llevarle endemoniados para que los liberara. Todos estaban asombrados y se preguntaban:

> ¿Qué nueva doctrina es esta, que con autoridad manda aun a los espíritus inmundos, y le obedecen? (Marcos 1:27).

Estos demonios no querían ser obedientes al Hijo de Dios, a menudo pateaban e intentaban negociar, pero nunca discutían el hecho de que no tenían otra opción.

En un momento del ministerio de Jesús, sus enemigos humanos decidieron que debía de haber recibido su extraordinario poder de Beelzebú, el príncipe de los demonios. Después de señalar que su forma de pensar no tenía sentido (¿por qué Satanás echaría fuera a Satanás?), Jesús les explicó:

> Pero si yo por el Espíritu de Dios echo fuera los demonios, ciertamente ha llegado a vosotros el reino de Dios. Porque ¿cómo puede alguno entrar en la casa del hombre fuerte, y saquear sus bienes, si primero no le ata? Y entonces podrá saquear su casa (Mateo 12:28-29).

Jesús usa una extraordinaria ilustración para explicar lo que estaba sucediendo.

Satanás era el hombre fuerte, que mantenía en un tormentoso cautiverio espiritual a personas endemoniadas, que guardaba como un tesoro personal en su casa. No podría haber alivio para esas personas endemoniadas a menos que alguien más fuerte que el diablo viniera a rescatarlas. Felizmente, Jesús es ese alguien más fuerte y eso es exactamente lo que vino a hacer. Jesucristo no solo tiene el poder, sino también la voluntad de liberar a los cautivos de Satanás. Él es más poderoso que el maligno, y por ello ha «atado» al diablo y ha saqueado su casa para liberar a los cautivos.

Entonces, esta excelente ilustración nos muestra que, aunque Satanás es un ser poderoso con autoridad en el reino de los demonios, nunca tiene independencia de Dios ni poder que pueda competir con el de Dios. El diablo es una criatura limitada; no puede estar presente en todos lados como lo está el Señor (Job 1:7), y no puede hacer nada a menos que el Señor se lo permita. No puede impedir los propósitos de Dios o evitar que algo suceda. No puede impedir que el Señor Jesús destruya sus obras y expulse sus demonios. El Señor domina al diablo y a sus demonios en este tiempo (2 Pedro 2:4). Dios ha preparado el fuego eterno para el diablo (Mateo 25:41), y llegará el día cuando ya no podrá afligir al pueblo de Dios (Apocalipsis 20:10).

Espera... si Dios es más fuerte que Satanás, ¿cómo puede Satanás hacer lo que hace?

Está muy bien afirmar que Dios es más fuerte que Satanás. Desde luego, es bueno que el diablo no pueda hacer nada sin permiso del Señor. Sin embargo, esto también plantea otras preguntas difíciles. Si Dios tiene el poder de detener a Satanás, ¿por qué no lo hace? ¿Por qué permite que el diablo haga lo que hace? ¿Por qué no lo encadena en el infierno ya mismo? Tal vez volver a la historia de Job nos ayudará a ver las cosas con más claridad.

A medida que se desarrolla la historia de Job, se ve claramente que Satanás es el gestor de su sufrimiento. Se retira de la presencia del Señor y orquesta la muerte de los hijos de Job y la pérdida de sus propiedades. Hacia la mitad del capítulo 2, Satanás ha dejado a Job con nada más que una esposa malhumorada y llagas de la cabeza a los pies.

No obstante, sucede algo muy sorprendente en los próximos capítulos. Cuando Job, su esposa y sus amigos reflexionan sobre lo que le sucedió, ¡todos creen que su sufrimiento *proviene directamente del Señor*!

La esposa de Job le sugiere: «Maldice a Dios, y muérete» (Job 2:9). Sus consejeros creen que todo lo que le sucedió deben ser señales del disgusto y la disciplina de Dios en respuesta a algún pecado en su vida (p. ej., Job 5:17). Incluso Job mismo piensa que sus horribles circunstancias provienen de la mano del Señor. En un momento dado, clama a gran voz:

> Porque las saetas del Todopoderoso están en mí, cuyo veneno bebe mi espíritu; y terrores de Dios me combaten (Job 6:4).

Ahora bien, ¡eso no es correcto! Aquellos de nosotros que hemos echado un vistazo a la «trastienda» de los capítulos 1 y 2 sabemos que Satanás es el que está detrás de todas sus circunstancias. Por lo tanto, cuando Dios aparece al final del libro de Job, esperamos que Él ponga sus circunstancias en orden. El lector supone que Dios dirá algo como: *No me culpes, Job; esto no fue obra mía, sino del diablo.*

Sin embargo, eso *no* es realmente lo que Dios le dice. En los capítulos 38 al 42 de este intrigante libro, Dios responde directamente en defensa de sus caminos a su siervo Job y a todos los presentes que dicen haber entendido las razones de su sufrimiento. Y la defensa de Dios, expresada mediante una serie de preguntas a Job, se reduce a dos puntos fundamentales:

Primero, el Señor le muestra a Job que le falta *inteligencia* para entender los caminos de Dios. Le muestra que está jugando un juego peligroso cuando piensa que comprende todos los caminos del Todopoderoso. El Señor le pregunta:

> ¿Dónde estabas tú cuando yo fundaba la tierra?
> Házmelo saber, si tienes inteligencia.
> ¿Quién ordenó sus medidas, si lo sabes?
> ¿O quién extendió sobre ella cordel?
> ¿Sobre qué están fundadas sus bases?
> ¿O quién puso su piedra angular,
> Cuando alababan todas las estrellas del alba,
> Y se regocijaban todos los hijos de Dios?
> (Job 38:4-7).

Segundo, el Señor le muestra a Job que no tiene la

menor idea del poder y la fuerza de Dios. Nuevamente, le pregunta:

> ¿Invalidarás tú también mi juicio?
> ¿Me condenarás a mí, para justificarte tú?
> ¿Tienes tú un brazo como el de Dios?
> ¿Y truenas con voz como la suya?
> Adórnate ahora de majestad y de alteza,
> Y vístete de honra y de hermosura
> (Job 40:8-10).

Es muy importante que entendamos esto. Cuando Job cuestiona los caminos de Dios, realmente le está preguntando: «¿Por qué permitiste que Satanás me hiciera esto?». Y el Señor le responde, no con disculpas, razones o explicaciones, sino con la afirmación más firme de su propia soberanía y sabiduría. Básicamente, Dios le dice: *No puedes saber o entender mis caminos en estas circunstancias.*

¿Cómo podía Dios permitir que Satanás le hiciera esas cosas a Job? ¿Cómo puede Dios permitir que Satanás aterrorice a nuestro mundo hoy? ¿Cómo puedo sobrellevar el sufrimiento y el dolor de mi propia vida? Al considerar la pregunta que atormentaba a Job, deberíamos responder como Job y recordar la sabiduría y la soberanía de Dios:

> Respondió Job a Jehová, y dijo: Yo conozco que todo lo puedes, y que no hay pensamiento que se esconda de ti. ¿Quién es el que oscurece

> el consejo sin entendimiento? Por tanto, yo hablaba lo que no entendía; cosas demasiado maravillosas para mí... Por tanto me aborrezco, y me arrepiento en polvo y ceniza (Job 42:1-3, 6).

Podría no ser la respuesta más satisfactoria a todas nuestras preguntas. Podríamos anhelar que Dios nos informe de todos sus caminos, pero al final debemos ser humildes y declarar que Dios sabe lo que es mejor.

Entonces, ¿Dios «usa» a Satanás para beneficio de su pueblo?

Ahora bien, hay una lección más importante que aprender de la historia de Job. Es interesante notar que, aunque Dios nunca le da a Job una respuesta directa con respecto a *por qué* le permitió a Satanás hacer esas cosas, le *muestra* parte de sus propósitos más grandes.

Después que las aguas volvieron a su cauce en la vida de Job, Dios le devolvió el doble de lo que poseía antes que comenzaran sus problemas (Job 42:10). El Señor le dio diez hijos y abundancia de posesiones para reemplazar lo que había perdido. Al final, Job vivió ciento cuarenta años más y murió como un hombre bienaventurado (Job 42:17).

Miles de años después, Santiago escribió a los cristianos para alentarlos a permanecer firmes en medio de un sufrimiento que no tenía sentido en ese momento. Y Santiago usó el ejemplo de Job para enseñar a la iglesia algo importante acerca de Dios y sus caminos:

> Hermanos míos, tomad como ejemplo de aflicción y de paciencia a los profetas que hablaron en nombre del Señor. He aquí, tenemos por bienaventurados a los que sufren. Habéis oído de la paciencia de Job, y habéis visto el fin del Señor, que el Señor es muy misericordioso y compasivo (Santiago 5:10-11).

¿Entiendes lo que está haciendo Santiago? La decisión de Dios de permitir que Satanás afligiera a Job era parte de un plan más grande. Al final, Job no solo aprendió una lección transformadora (aunque dolorosa) acerca de Dios, sino que también recibió más de lo que había perdido. A pesar de las apariencias, Dios estaba usando la perversa maldad de Satanás para mostrar su misericordia y compasión por Job.

De modo que es cierto que Dios usa a Satanás y sus maquinaciones para bendecir a su pueblo y cumplir su voluntad. Vemos esto en la crucifixión de Cristo, donde Dios usó la traición y la maldad del diablo para lograr la salvación de su pueblo.

Vemos esto en el «mensajero de Satanás» que Dios usó para evitar que el apóstol Pablo se envaneciera (2 Corintios 12:7). De modo que, aunque los ataques de Satanás pueden ser extremadamente dolorosos para nosotros, y aunque sus maquinaciones nunca fueron destinadas para bien, Dios promete que *siempre* dispondrá de todas las cosas para el bien de su pueblo (Romanos 8:28).

Por lo tanto, la mejor manera en que los creyentes batallamos contra el diablo es determinando en nuestra mente y nuestro corazón que confiaremos en la bondad y la sabiduría de Dios en todas las circunstancias de nuestra vida.

Capítulo 3

Su control: ¿Qué es la posesión demoníaca?

Los demonios contribuyen a la industria del entretenimiento. Desde nombres de bandas de rock hasta videojuegos y películas, parece que muchos están tratando de sacar provecho de nuestra fascinación (y nerviosismo) por los demonios.

Hay algo sobre la idea de los espíritus malignos que cautiva la imaginación de muchas personas, incluso de los cristianos. Sin embargo, en su mayor parte, nuestra concepción habitual de los demonios está más conformada por las películas (p. ej., la cabeza de Linda Blair que giraba y vomitaba sopa de arvejas en *El exorcista*), que por la verdad bíblica. Dejemos atrás la cultura y los mitos populares, y veamos qué dicen las Escrituras.

¿Qué son los demonios?

Ya hemos aprendido un poco sobre los demonios cuando hablamos de Satanás y sus orígenes en el capítulo 1, pero profundicemos un poco más en dos pasajes de la Biblia, particularmente relacionados con este tema. En 2 Pedro, el apóstol habla de los ángeles que pecaron:

> Dios no perdonó a los ángeles que pecaron, sino que arrojándolos al infierno los entregó a prisiones de oscuridad, para ser reservados al juicio (2 Pedro 2:4).

Y en el libro de Judas, leemos:

> Y a los ángeles que no guardaron su dignidad, sino que abandonaron su propia morada, los ha guardado bajo oscuridad, en prisiones eternas, para el juicio del gran día (Judas 6).

Por lo tanto, estos ángeles estuvieron una vez en el cielo («su propia morada»), pero pecaron contra Dios, probablemente en algún acto de rebelión cuando abandonaron la posición de autoridad para la cual habían sido creados («no guardaron su dignidad»).

Como castigo por su rebelión, Dios arrojó a todos los ángeles que pecaron al infierno y los dejó en tinieblas, encadenados y reservados para el juicio. Esto no significa que los demonios son incapaces de moverse por el mundo y ejercer una mala influencia, ya que los escritores del Nuevo Testamento nos muestran con clara evidencia que eso no es así. En cambio, al parecer, los demonios han sido expulsados de la bendición del cielo que una vez disfrutaron y ahora están confinados a oscuridad, extrema inutilidad y la certeza de un juicio futuro.

Según el testimonio de las Escrituras, está claro que estos ángeles caídos están bajo la autoridad de Satanás (que también es un ángel caído). Cuando se expulsa a Satanás del cielo en el libro de Apocalipsis, se describe a los demonios que se arrojan a la tierra con él como «sus ángeles» (Apocalipsis 12:9).

En un momento dado, algunos de los enemigos de Jesús se refirieron al diablo como «el príncipe de los demonios» (Mateo 9:34), aunque no está claro si recibieron esa información de una fuente confiable. Se lo conoce como «el príncipe de este mundo» (Juan 16:11) y «el príncipe de la potestad del aire» (Efesios 2:2), lo cual indica que Satanás ocupa una posición de autoridad. Además, parece que Satanás tiene acceso único a Dios, ya que puede acusar a los cristianos delante de Él (Apocalipsis 12:10) e incluso tentó a Jesús en el desierto (Mateo 4:1-11).

Sin embargo, aunque es evidente que los demonios tienen poder en el ámbito espiritual, también resulta claro que *son seres limitados*. A veces atacan a las personas en grupos (p. ej., Lucas 8:2), lo cual seguramente no sería necesario si cada demonio individual tuviera poder ilimitado. Hay grados de maldad en el reino demoníaco; algunos demonios son peores que otros (Mateo 12:45). No pueden estar en todas partes al mismo tiempo como Dios, sino que deben ir y venir como criaturas (p. ej., Mateo 12:43). No conocen todo, porque solo Dios conoce el futuro (Isaías 46:9-10) y discierne los pensamientos y las intenciones del corazón (Apocalipsis 2:23; Hebreos 4:12-13).

Entonces, ¿qué es la posesión demoníaca?

La Biblia habla de demonios que participan en una serie de actividades distintas. En diferentes momentos, *oprimen a personas* (Marcos 1:32), *entran en personas* (Lucas 8:30), *ruegan misericordia* (Mateo 8:31), *hablan a través de seres humanos* (Marcos 1:24) y *salen de personas* (Lucas 8:38). ¡La Biblia dice incluso que los demonios son sagaces estudiantes de teología (Santiago 2:19)!

No obstante, una cosa que la Biblia no declara es que los demonios poseen a cualquiera persona. De hecho, varias veces leemos en las Escrituras sobre personas que tenían demonios (p. ej., Lucas 4:33), *¡pero nunca leemos que los demonios posean a las personas!* La palabra «poseído» es una traducción sin fundamento de la palabra griega «*daimonízomai*» (el Nuevo Testamento se escribió originalmente en griego). Esta palabra transmite la idea de estar bajo la influencia de un demonio o «demonizado» si se quiere.

Cuando usamos la palabra «poseído» para describir a alguien que está en esta condición, da la idea de que, cuando tal persona está «demonizada», se encuentra bajo el control total del espíritu maligno y no tiene más remedio que someterse a él. Sin embargo, dicha idea no concuerda con la mayoría de los relatos bíblicos de personas que estaban «*daimonízomai*».

Presta atención a las personas oprimidas por demonios que se mencionan en el Nuevo Testamento. Solo dos de ellas coinciden con la idea que normalmente tenemos de alguien «poseído» por un demonio: el hombre de la sinagoga de Capernaum en Lucas 4:33-36 y Marcos 1:21-28, y el endemoniado gadareno en Lucas 8:27-38 (también en Mateo 8 y Marcos 5). Ambos hombres habían perdido el control de sus facultades mentales y los demonios los usaban como portavoces.

Otros experimentaban síntomas físicos como resultado de un ataque demoníaco: un muchacho con epilepsia (Mateo 17:14-21), un hombre mudo (Lucas 11:14) y un hombre ciego y mudo (Mateo 12:22). No hay nada que indique que estas personas habían perdido el control de su personalidad o que les habían robado sus facultades mentales. La opresión demoníaca se manifestaba en el reino físico.

Finalmente, es revelador notar que a veces la «posesión» demoníaca se manifestaba solo en un mal comportamiento. Cuando Satanás entró en Judas (Lucas 22:3-6), el astuto discípulo pudo seguir conversando con los líderes religiosos y ejecutar su plan de traicionar a Jesús. El único indicio de que estaba bajo la influencia de Satanás era la horrible maldad de sus decisiones y sus actos. Del mismo modo, Satanás «llenó» el corazón de Ananías (Hechos 5:3), pero la única evidencia estaba en sus palabras. De hecho, incluso Jesús (Juan 8:52) y Juan el Bautista (Lucas 7:33) fueron acusados de estar endemoniados por boca de personas que estaban en contra de sus enseñanzas y su estilo de vida.

Así pues, si reunimos toda esta evidencia, la «posesión demoníaca» es un término del que podríamos prescindir. Aunque la Biblia menciona a personas que «tienen un demonio» y a demonios que «entran en las personas», en su mayoría, esta «demonización» resulta en ataque e influencia más que el dominio total de la personalidad, que está implícita en el término «posesión». Expresiones como «ataque demoníaco» e «influencia demoníaca» parecen ajustarse más a la evidencia bíblica.

¿Son los demonios solo una forma de explicar la enfermedad mental?

Algunas personas creen que la descripción de la Biblia sobre la posesión demoníaca es tan solo una forma de explicar los trastornos mentales y las adicciones en una sociedad primitiva. Como no tenían el conocimiento o el vocabulario para hacer diagnósticos como la paranoia, el trastorno bipolar o la esquizofrenia, imaginaban que existían seres espirituales personales detrás de estos problemas. Por lo tanto, los cristianos en las sociedades modernas no dudan en abandonar la idea de la influencia demoníaca y adoptar mejores explicaciones del comportamiento humano y el sufrimiento.

Dicha explicación parece razonable a primera vista, pero un análisis más profundo revela que no explica la realidad de los hechos. Sin duda, algunas personas que la Biblia describe como «demonizadas» parecen mostrar síntomas similares a los de una enfermedad mental (autolesión, explosiones de ira, falta de autocontrol, incapacidad de vivir en sociedad) o una enfermedad física (convulsiones, ceguera, incapacidad de hablar). No obstante, dos detalles principales nos impiden llegar a la conclusión de que la posesión demoníaca era solo una explicación de las enfermedades físicas y mentales del primer siglo:

En primer lugar, los autores de las Escrituras entendían la diferencia entre los diagnósticos médicos y la posesión demoníaca. En Mateo 4:24, leemos acerca de Jesús:

> **Y se difundió su fama por toda Siria; y le trajeron todos los que tenían dolencias, los afligidos por diversas enfermedades y tormentos, los endemoniados, lunáticos y paralíticos; y los sanó.**

De modo que Mateo pudo distinguir entre personas con dolencias físicas y enfermedades, y las que estaban endemoniadas. Si te detienes a pensar en ello, es bastante insultante imaginar que los autores de las Escrituras no pudieran notar la diferencia.

En segundo lugar, cuando Jesús echaba fuera demonios, las personas se aliviaban de sus síntomas. Entonces, o Jesús estaba sanando accidentalmente a personas con enfermedades mentales, mientras pensaba que estaba echando fuera demonios, o bien, en realidad, estas personas estaban bajo el ataque de fuerzas demoníacas. En el ejemplo del endemoniado gadareno (Lucas 8:26-33), los demonios salieron del hombre y entraron en un hato de cerdos que estaba cerca. No está claro cómo Jesús pudo enviar una enfermedad mental incierta e indefinida a los cerdos.

Entonces, es correcto afirmar que hay una superposición en las Escrituras entre la enfermedad (física y mental) y el ataque demoníaco. A veces se creía que los demonios eran la causa del padecimiento físico o el tormento mental. Sin embargo, nunca tuvo ningún sentido que los autores de las Escrituras se confundieran con respecto a la naturaleza de los problemas de la gente. Por lo tanto, no caben dudas de que hoy no deberíamos confundir ambas cosas.

Los cristianos y los demonios

¿Puede un cristiano estar poseído por un demonio? Me sorprende la frecuencia con la que escucho esta pregunta como pastor, pero, francamente, la respuesta no es simple. Si por «posesión demoníaca» entendemos que alguien está tan dominado por un demonio que no puede adorar a Dios, obedecer sus mandatos y controlar su comportamiento, entonces la respuesta es un rotundo «no». Las Escrituras afirman claramente que la llegada de la salvación de Dios a la vida de un creyente evitará ese tipo de control satánico.

- El pecado no tiene dominio sobre los cristianos, que han resucitado con Cristo (Romanos 6:14).
- Dios habita en sus hijos y camina entre ellos, de modo que no puede haber comunión entre el pueblo de Dios y Satanás (2 Corintios 6:15-16).
- El Espíritu de Dios, que vive en los creyentes, es más poderoso que el diablo (1 Juan 4:4).
- Los creyentes ya no son ciudadanos de la potestad de las tinieblas, sino ciudadanos del reino de Cristo (Colosenses 1:13).

Por lo tanto, debemos rechazar la idea de que un cristiano puede estar poseído, controlado o dominado por un demonio. Jesús ha atado a Satanás y ha liberado al pueblo de Dios de su dominio (Mateo 12:29). No hay forma de que Satanás ejerza ese tipo de autoridad y poder sobre alguien que ha sido comprado con la sangre de Cristo.

Sin embargo, si dejamos de lado la palabra «posesión» y pensamos en términos de «influencia» o «ataque» demoníaco, entonces tenemos una percepción más clara de cómo los demonios se relacionan con el pueblo de Dios. Esto es lo que refleja la experiencia del rey David, sobre la que leemos en el libro de 1 Crónicas:

> Satanás se levantó contra Israel, e incitó a David a que hiciese censo de Israel (1 Crónicas 21:1).

No se nos informa exactamente cómo Satanás «incitó» a David, pero era parte de un programa satánico más grande contra el pueblo de Dios. A diferencia de Job, quien resistió los ataques de Satanás fielmente, David parece haber caído en la tentación debido a su orgullo y ambición militar. No obstante, en ningún momento tenemos una razón para pensar que David (o cualquier otra persona de Israel) estaba, sin saberlo, bajo el *control* de Satanás o sus demonios.

En el Nuevo Testamento, leemos que Satanás tentó a Jesús en el desierto, y que un mensajero de Satanás hostigó al apóstol Pablo (2 Corintios 12:7) y frustró sus planes (1 Tesalonicenses 2:18). También se nos advierte que el diablo busca devorar a los creyentes como un león rugiente (1 Pedro 5:8). Maquina contra los hijos de Dios, los incita a participar en una batalla espiritual y los ataca con dardos de fuego (Efesios 6:11-16). Los demonios pueden tentar, influenciar y atacar al pueblo de Dios; pero decir que pueden «poseer» a un cristiano no tiene sentido según la evidencia bíblica.

Entonces, ¿deberían los cristianos realizar exorcismos?

En la imaginación popular, el remedio para la actividad demoníaca es el exorcismo. En las películas, por lo general, los exorcistas son en parte sacerdotes católicos y en parte magos. Tienen poderes únicos y misteriosos para enfrentarse a los demonios en la batalla espiritual mediante la celebración de rituales en nombre de una persona oprimida, que casi siempre están compuestos por agua bendita, crucifijos y conjuros en latín. En la iglesia, algunas personas enseñan que todos los cristianos tienen el poder y la responsabilidad de participar en este tipo de actividades. Pero ¿qué dice la Biblia sobre el tema?

Observa la forma en que las Escrituras describen cómo Jesús interactuaba con los demonios:

- Les ordenaba que salieran (Lucas 8:29).
- No los dejaba hablar (Lucas 4:41).
- Les dio permiso para entrar en un hato de cerdos (Marcos 5:13).
- Los reprendía (Lucas 9:42).
- Los echaba fuera (este es el término que más se emplea en las Escrituras) (Mateo 8:16).
- Desbarataba sus maniobras a la distancia (Mateo 15:22-28).
- Desataba a las personas de sus ligaduras (Lucas 13:16).
- Libraba a las personas de la influencia de ellos (Lucas 8:36).
- Sanaba a las personas de la opresión demoníaca (Lucas 6:18-19).

Y ahora observa cómo los discípulos de Jesús interactuaban con los demonios. En diferentes pasajes de las Escrituras, vemos que:

- Ejercían autoridad sobre los demonios en el nombre de Jesús (Lucas 9:1).
- No podían echar fuera ciertos demonios (Marcos 9:28-29).
- Se regocijaban de que los demonios se sometían a ellos (Lucas 10:20).

Este poder no estaba limitado a los doce discípulos, sino también a «los setenta» (Lucas 10:17), a Felipe el evangelista (Hechos 8:7), al apóstol Pablo (Hechos 16:18) e incluso a algunas personas al azar que pueden o no haber seguido a Jesús (Marcos 9:38-41).

Profundizaremos un poco más en la relación entre Satanás y los creyentes en el capítulo 5, pero por el momento debemos señalar que en ninguna parte de las Escrituras se ordena o se alienta explícitamente a los creyentes, después de la resurrección, a echar fuera a los demonios. En cambio, se exhorta a los cristianos a:

- Usar los dones espirituales dados a la iglesia para discernir dónde puede existir una influencia demoníaca espiritual (1 Corintios 12:10).
- Ejercer fe en Dios a través de la oración (Mateo 17:20; Marcos 9:29).

- Resistir al diablo para que huya (Santiago 4:7; 1 Pedro 5:8-9).
- Tomar la armadura espiritual y protegerse contra los ataques del diablo (Efesios 6:10-18).

¿Qué son las fortalezas demoníacas?

A lo largo de la historia, algunos cristianos promovieron la idea de que las influencias del mal se concentran en ciertos lugares. Algunos hablan y oran en contra de los «espíritus territoriales», que dominan o ejercen influencia en un área en particular. Otros hablan de espíritus que tientan a las personas de tal o cual manera y a cometer tal o cual pecado. ¿Qué vamos a hacer con estas ideas?

En 2 Corintios 10, el apóstol Pablo explica de qué manera los cristianos batallan contra las fuerzas espirituales de maldad. Describe cómo la iglesia lucha contra las fuerzas espirituales invisibles, que subyacen y potencian la rebelión del mundo contra Dios. Pablo escribe:

> Pues aunque andamos en la carne, no militamos según la carne; porque las armas de nuestra milicia no son carnales, sino poderosas en Dios para la destrucción de fortalezas, derribando argumentos y toda altivez que se levanta contra el conocimiento de Dios, y llevando cautivo todo pensamiento a la obediencia a Cristo (2 Corintios 10:3-5).

Para Pablo, vivir en este mundo era estar inmerso en un lugar hostil contra Cristo, una hostilidad que se muestra en el ámbito de los pensamientos y las ideas, los argumentos y la altivez. El mundo se caracteriza por un sistema de pensamientos que está en rebelión contra Dios. Así pues, en este pasaje, Pablo se refiere a los cristianos que están a la ofensiva contra estas fuerzas hostiles; que no luchan con armas físicas como pistolas y bombas, sino con pensamientos iluminados por el poder divino del evangelio.

Pablo menciona que estas armas espirituales con las que luchan los cristianos (posiblemente, cosas como la oración, la Palabra de Dios, el poder del Espíritu Santo y la fe en el Señor) tienen el poder de destruir fortalezas. En aquellos días, una fortaleza era el lugar donde se atrincheraba firmemente el enemigo y del cual era difícil sacarlo. Si invadieras una tierra, descubrirías las fortalezas que el enemigo ha levantado en lugares estratégicos para montar una defensa gigantesca.

Así pues, el apóstol Pablo describe los «argumentos» y la «altivez» que sirven como este tipo de fortalezas para los enemigos de Dios, y les brinda socorro, fortaleza y protección contra las fuerzas del Señor. Aunque Pablo nunca usa la palabra «demonio» con relación a estas «fortalezas», tenemos fundamentos para ver actividad demoníaca detrás de estos sistemas de pensamientos, creencias y comportamientos contrarios a Dios.

De modo que aunque no es productivo ver fortalezas demoníacas en cada pecado y cada acto de rebelión humana (ya que 1 Juan 2:16 nos recuerda que gran parte del mal no se origina en los demonios sino en los deseos humanos pecaminosos y el orgullo), deberíamos ver algo de estas fortalezas en las filosofías ateas, los sistemas de creencias distorsionados y las falsas religiones que plagan el mundo. En cada uno de estos sistemas de pensamientos y creencias, que los seres humanos adoptan, el mundo (y el diablo) tienen una «fortaleza». Sin embargo, Pablo tiene claro que el mensaje del evangelio y la verdad de la Palabra de Dios tienen el poder de derribar estos asentamientos donde prolifera la incredulidad.

¿Qué está enseñando Jesús en Mateo 12:43-45?

Tal vez hayas leído las palabras de Jesús en Mateo 12:43-45 y te has quedado pensativo. Si es así, ¡no eres el único! Allí leemos:

> Cuando el espíritu inmundo [demonio] sale del hombre, anda por lugares secos, buscando reposo, y no lo halla. Entonces dice: Volveré a mi casa de donde salí; y cuando llega, la halla desocupada, barrida y adornada. Entonces va, y toma consigo otros siete espíritus peores que él, y entrados, moran allí; y el postrer estado de aquel hombre viene a ser peor que el primero. Así también acontecerá a esta mala generación.

Debido a que este pasaje de las Escrituras se usa con frecuencia como un manual sobre lo que sucede al echar fuera el demonio de una persona, vale la pena detenerse por un momento para ver lo que Jesús realmente está enseñando. Ahora bien, estos versículos contienen cierta información sobre demonios que de otro modo no tendríamos:

- Cuando salen de un ser humano, pasan por lugares áridos. Esto parece confirmarse por el hecho de que Jesús enfrentó a Satanás en el desierto (Lucas 4:1-2). No está claro por qué es así, pero a menudo en las Escrituras la proximidad a las fuentes de agua es signo de la bendición de Dios (p. ej., Salmos 1:3). Por lo tanto, podría ser que los lugares áridos y desérticos representen lugares privados de las bendiciones de Dios.

- La condición del alma humana se compara con un hogar. Cuando el demonio empieza a residir allí, el «anfitrión» es como una casa ocupada por un invitado particularmente desordenado. Cuando el demonio se va, es como una casa desocupada y barrida.

- Cuando los demonios no viven en una persona, no hallan «reposo».

- Algunos demonios son más malignos que otros.

Si bien todas estas cosas son ciertas, el objetivo principal de Jesús con esta enseñanza no fue proporcionar una guía para el comportamiento demoníaco. En cambio, en un contexto más amplio de Mateo 12, estaba hablando de los fariseos.

En los versículos anteriores (Mateo 12:38-42), Jesús enseñó que tanto los hombres de Nínive como la reina de Sabá se levantarían y condenarían a la generación actual. La idea era que la experiencia de la verdad y belleza de Dios, que este pueblo del Antiguo Testamento había tenido a través de Jonás y Salomón respectivamente, era infinitamente más pequeña comparada a la de los fariseos y escribas que habían tenido contacto directo con el mismo Hijo de Dios. Si los ninivitas y la reina de Sabá respondieron a Dios sobre la base de tan escasa evidencia, cuán grande sería la condena de aquellos que vieron a Jesús y aun así rechazaron a Dios (ver el final del versículo 45).

Jesús ilustra esta advertencia con una descripción de la actividad demoníaca. Está dando por sentado que sus oyentes entienden las cosas que está diciendo sobre los demonios o, al menos, que no los sorprenderá tanto que no escuchen el resto de sus palabras. Entonces, utiliza estos detalles para ayudarnos a comprender una verdad teológica más importante. Podríamos resumirlo de esta manera: *es peor experimentar la salvación de Dios en Cristo y al final no aceptarla, que nunca haberla experimentado.*

¡La persona de quien se echó fuera el demonio, en realidad estaba mejor que antes de estar libre de su opresión! Dado que no respondió a Jesús como debía —hay algo significativo en el hecho de que la casa está desocupada cuando el demonio regresa— ahora se encuentra *en una condición mucho peor.* De la misma manera, los escribas y fariseos (¡y nosotros!) deberían estar atentos de no descuidar la salvación de Dios en Cristo.

En general, es probable que no estés de acuerdo con la intención de Jesús de hacer de este pasaje una guía para lidiar con la actividad demoníaca y el cuidado del alma posterior al exorcismo. Jesús no explica a qué se refiere con la idea de que nuestra casa esté «barrida» o «desocupada», por lo que no podemos afirmar con certeza lo que quiere decir sin caer en una especulación sin fundamento.

Recapitulemos

Los cristianos debemos ser cautelosos y sabios al considerar las enseñanzas de la Biblia con respecto a los demonios. Por un lado, no debemos olvidar la realidad de las fuerzas espirituales que buscan atacarnos, tentarnos y herirnos.

Debemos orar vigorosamente contra la influencia demoníaca en nuestros hogares, familias e iglesias. Debemos resistir al diablo y oponernos con firmeza a los sistemas de pensamientos y medios culturales que él usa para promover su agenda malvada.

Sin embargo, esto no significa que debemos ver demonios por todos lados. Sin duda, una de las estrategias de Satanás para debilitar y distraer a los cristianos es hacer que nos obsesionemos con él hasta el punto de perder nuestra perspectiva y nuestro objetivo.

La Biblia no tiene la postura de asignar a cada enfermedad y a cada problema su propio demonio, como si hubiera un demonio de indigestión después de comer pizza o un espíritu maligno de ineptitud defensiva que impida que las Águilas de Filadelfia ganen el Súper Tazón cada año. ¡A veces, el problema eres sencillamente tú mismo! Comiste demasiado. Los defensas de las Águilas no pueden placar a los contrarios.

Así pues, las instrucciones de la Biblia a las personas atrapadas en el pecado no son reprender al diablo, sino huir de la tentación, confesar sus pecados unos a otros y abstenerse de caer en esos comportamientos pecaminosos.

¿Qué es la «guerra espiritual»?

La Biblia enseña que el mundo es, en parte, un terreno para el conflicto entre fuerzas espirituales poderosas. Dios está en guerra contra Satanás para lo cual recluta y adiestra a sus ángeles y su pueblo. A cambio, Satanás y sus ángeles caídos también están librando una batalla contra Dios, sus ángeles y su pueblo. El apóstol Pablo describe esta batalla espiritual en 2 Corintios 10:3-4:

> Pues aunque andamos en la carne, no militamos según la carne; porque las armas de nuestra milicia no son carnales, sino poderosas en Dios para la destrucción de fortalezas.

Y nuevamente, en Efesios 6:12, Pablo habla de la lucha universal que enfrentan los creyentes:

> Porque no tenemos lucha contra sangre y carne, sino contra principados, contra potestades, contra los gobernadores de las tinieblas de este siglo, contra huestes espirituales de maldad en las regiones celestes.

Detrás de la vida cotidiana del universo aparentemente normal, hay una lucha cósmica entre el bien y el mal. En consecuencia, se anima a los creyentes a ser conscientes de esta guerra, a prepararse para ella en todo momento y a valerse de los recursos y la protección que Dios ha puesto a su disposición (Efesios 6:10-18).

Normalmente, la participación cristiana en esta batalla no parecerá extraordinaria ni espectacular (echar fuera demonios, etc.). En cambio, las Escrituras declaran que luchamos contra Satanás en el poder del Espíritu Santo a través de medios que pueden parecer muy poco espectaculares: obediencia, oración, fe, confesión y el sometimiento a la Palabra de Dios para que transforme nuestro pensamiento.

La guerra espiritual que enfrentamos es real y peligrosa, pero no es una competencia pareja. Aunque Satanás es un adversario poderoso, jamás pensemos que, de alguna manera, se trata de un conflicto entre dos poderes rivales o dos oponentes en igualdad de condiciones.

El resultado de esta guerra ya está establecido; Dios es el vencedor y la destrucción del diablo ya ha sido sellada (Apocalipsis 12:12).

Capítulo 4

Su final: ¿Cómo derrotó Jesús a Satanás?

Cuando Satanás y Jesús se enfrentaron en el desierto, el diablo trató desesperadamente de hacer que el Hijo de Dios abandonara su misión salvadora. Jesús se había hecho carne para dar su vida en rescate por muchos (Marcos 10:45), y el maligno sabía que el sacrificio de Jesús sería su propia derrota final. Así pues, desde el principio, el diablo estuvo empeñado en impedir la cruz. Había tratado de matar al niño Jesús por medio de la maldad de Herodes (Mateo 2:16-17), pero fue en vano. Luego, en el desierto, intentó desviar el plan de Jesús. Piensa por un momento en las tres tentaciones que Satanás le lanzó al Señor:

- «Si eres Hijo de Dios, di a esta piedra que se convierta en pan» (Lucas 4:3). El tentador incitó a Jesús a usar su poder y su estatus para su propio beneficio en lugar de sacrificarse y servir.

- «Si tú postrado me adorares, todos [los reinos de la tierra] serán tuyos» (Lucas 4:7). Jesús había recibido la promesa de un reino y autoridad, pero llegaría a través del sufrimiento en la cruz. Satanás lo tienta a evadir la cruz y recibir todos los reinos del mundo sin sacrificio.

- «Si eres Hijo de Dios, échate de aquí abajo» (Lucas 4:9). Piensa en el espectáculo público si Jesús hubiera saltado del templo. Ya sea que hubiera muerto horriblemente (para deleite de Satanás) o deslumbrado a la multitud de espectadores con su poder. Si Jesús hubiera realizado tal proeza, seguramente las multitudes lo habrían aclamado como el ungido de Dios. Y con razón. Sin embargo, Jesús estaba destinado a recibir alabanza y adoración del mundo en virtud de su sacrificio (Filipenses 2:8-11; Apocalipsis 5:12), no por sus demostraciones de poder.

Todas estas tentaciones fueron muy reales para el Señor, porque parecían ofrecerle popularidad y «señorío» sobre las personas, pero sin los horrores de la cruz.

Después de este enfrentamiento en el desierto, puedes imaginar que Satanás tuvo que lamerse sus heridas.

Había usado «toda su astucia» contra el Hijo de Dios, para tentarlo a abandonar su misión de salvar a la humanidad por su propio bienestar, poder y gloria. Sin embargo, Jesús lo había rechazado rotundamente en cada uno de sus intentos. Satanás no había hecho mella en el propósito de Jesús ni en su determinación a morir por su pueblo. Más adelante, Satanás puso en marcha un método diferente, al influenciar a Pedro para que se opusiera al plan de Cristo de ir a la cruz (recuerda las palabras de Jesús a Pedro en Marcos 8:33: «¡Quítate de delante de mí, Satanás!»); pero nada funcionó.

Sin embargo, Satanás no se marchó sin agotar todos sus recursos. El Evangelio de Lucas manifiesta:

> Así que el diablo, habiendo agotado todo recurso de tentación, lo dejó hasta otra oportunidad (Lucas 4:13, NVI).

A partir de ese momento, en el relato de Lucas sobre la vida de Jesús, Satanás está prácticamente fuera del escenario. Es cierto que a lo largo del ministerio terrenal de Jesús vemos la obra devastadora y opresora de varias fuerzas demoníacas, pero no es hasta más adelante que volvemos a ver al «príncipe de la potestad del aire» en el primer plano de la acción.

Parece que, en algún momento, el diablo cambió de estrategia. Si no podía evitar que Jesús entregara su vida por los pecados de su pueblo, tal vez al menos podría controlar los términos en los que sucedería. Entonces, Satanás pasó de tratar de impedir la cruz a promoverla a modo de suicidio. A la luz del plan soberano del Padre (Hechos 2:23) y del inquebrantable compromiso de Jesús con la obediencia, el diablo vio que no tenía ninguna posibilidad de ganar la batalla final. Sin embargo, si Jesús insistía en ir a la cruz, Satanás haría que fuera lo más dolorosa, traicionera y dañina posible.

Entonces, antes que Jesús celebrara la Última Cena con sus discípulos, Lucas manifiesta que Satanás «entró» en Judas (Lucas 22:3) y lo incitó a traicionar a Jesús y delatarlo a sus enemigos. Pidió permiso para zarandear [a los discípulos] «como a trigo» (Lucas 22:31), con el fin de destruir su fe para que la muerte de Jesús acabara con su influencia sobre ellos. ¿Acaso no podemos oír el silbido perverso y asesino de la serpiente antigua en el abucheo de la multitud, las acusaciones del consejo y la mofa de los guardias? El Hijo de Dios fue a la cruz nadando contra un maremoto de odio malicioso como el de Satanás.

El fin de la muerte

Sin embargo, lo que parecía humillación, derrota y desgracia resultó ser la victoria de nuestro Señor. Lo que parecía la mejor hora de Satanás resultó ser su ruina definitiva; la derrota de la tumba dio paso a la gloriosa victoria de la resurrección. Así es como el apóstol Pablo lo describe en Colosenses 2:13-15:

> Y a vosotros, estando muertos en pecados y en la incircuncisión de vuestra carne, os dio vida

> juntamente con él, perdonándoos todos los pecados, anulando el acta de los decretos que había contra nosotros, que nos era contraria, quitándola de en medio y clavándola en la cruz, y despojando a los principados y a las potestades, los exhibió públicamente, triunfando sobre ellos en la cruz.

Ahora bien, después de leer tres cuartas partes de un libro sobre el diablo, ¡estás en condiciones de entender que *realmente* son buenas noticias! Cuando Pablo habla de «los principados y... potestades», está describiendo al diablo y su hueste de ángeles caídos (ver Efesios 6:12 para un ejemplo similar). En la cruz, Jesús garantizó la victoria decisiva sobre el poder y el terror de los ángeles caídos que se alinean contra Dios y su pueblo.

Pablo está diciendo que Dios ha despojado a esas fuerzas del mal; les ha quitado sus armas y las ha dejado imposibilitadas. Satanás, el gran difamador, ya no tiene el poder de presentar cargos contra los cristianos. Sus acusaciones sobre nuestro pecado, si bien pueden ser objetivamente precisas, no seguirán vigentes. Dios nos ha perdonado y ha cancelado toda la deuda de nuestros pecados; todas las actas que decretaban nuestra culpa ante Dios han sido clavadas en la cruz. Gracias a la cruz y la resurrección, la mayor amenaza del diablo ha sido neutralizada.

Sin embargo, por grandiosa que sea esta verdad, es solo el comienzo. Una cosa es saber que tu enemigo ya no tiene poder para atacarte; otra muy distinta es saber que finalmente ha sido derrotado y destruido. Pablo afirma que Cristo exhibió públicamente a las fuerzas del mal. Esta ilustración proviene de una práctica habitual del ejército romano. En un mundo sin medios de comunicación, la manera más eficaz de demostrar la victoria sobre otro ejército era regresar a la capital con tus enemigos ensangrentados, maltrechos y encadenados detrás de ti a manera de humillación en un desfile para deleite de los ciudadanos de la nación victoriosa. Esto hizo Jesús a Satanás y sus legiones. Ha triunfado sobre ellos y ha exhibido públicamente su derrota y vergüenza.

Pablo continúa declarando que Jesús logró esta victoria de una manera sorpresiva: «en la cruz». En ningún momento Jesús había parecido más indefenso, derrotado y a merced de Satanás y sus fuerzas; pero, en la sabiduría de Dios, la cruz se convirtió en lo que los destruyó. Lo que parecía su mayor victoria se convirtió en su derrota más humillante; ahora han sido reducidos a ser solo demostraciones del triunfo de Jesús. Conforme a la promesa dada en Génesis 3:15, en la cruz, la serpiente hirió a Jesús en el calcañar, pero Cristo le aplastó la cabeza.

Ahora los cristianos viven en un mundo donde el diablo ha sido derrotado. Esto significa que, aunque los creyentes todavía luchan con el pecado, ya no son esclavos de él. Antes no podíamos dejar de pecar porque éramos cautivos de Satanás, pero ahora no podemos seguir pecando de manera indiscriminada. Ya que somos hijos adoptivos de Dios, no podemos vivir sino como tales. El apóstol Juan escribe en 1 Juan 3:8-10:

> El que practica el pecado es del diablo; porque el diablo peca desde el principio. Para esto apareció el Hijo de Dios, para deshacer las obras del diablo. Todo aquel que es nacido de Dios, no practica el pecado, porque la simiente de Dios permanece en él; y no puede pecar, porque es nacido de Dios. En esto se manifiestan los hijos de Dios, y los hijos del diablo: todo aquel que no hace justicia, y que no ama a su hermano, no es de Dios.

Y aunque los creyentes morirán, la muerte no tiene poder definitivo sobre ellos. La muerte es la pena por el pecado y, al conquistar nuestro pecado, Jesús ha conquistado la muerte; su pueblo ya no debe temerle. En Hebreos 2:14-15 leemos:

> Así que, por cuanto los hijos participaron de carne y sangre, él también participó de lo mismo, para destruir por medio de la muerte al que tenía el imperio de la muerte, esto es, al diablo, y librar a todos los que por el temor de la muerte estaban durante toda la vida sujetos a servidumbre.

Los creyentes ya no son súbditos del reino de Satanás, sino que están bajo el poder de Dios. En Hechos 26:17-18, Jesús dijo al apóstol Pablo:

> [Te libraré] de tu pueblo, y de los gentiles, a quienes ahora te envío, para que abras sus ojos, para que se conviertan de las tinieblas a la luz, y de la potestad de Satanás a Dios; para que reciban, por la fe que es en mí, perdón de pecados y herencia entre los santificados.

Todas estas cosas son verdaderas gracias a la cruz. Jesús murió como nuestro sustituto y tomó sobre sí mismo toda la justicia que nuestros pecados merecían.

¿Fue la muerte de Cristo un pago de rescate a Satanás?

En varios pasajes de las Escrituras, se habla de la muerte de Jesús en términos de rescate. Por ejemplo, Pablo escribe:

> Porque hay un solo Dios, y un solo mediador entre Dios y los hombres, Jesucristo hombre, el cual se dio a sí mismo en rescate por todos (1 Timoteo 2:5-6).

Algunos cristianos han concluido de este pasaje y otros similares (p. ej., Marcos 10:45; Hebreos 9:15) que la muerte de Jesús fue un pago de rescate hecho a Satanás para liberarnos de su reino y autoridad. La idea es que todos teníamos motivos para ser esclavos de Satanás en virtud de nuestro pecado; de modo que la muerte de Cristo fue el pago del rescate hecho al diablo para nuestra liberación.

A primera vista, dicha teoría suena coherente, pero

Cuando resucitó de los muertos, conquistó la muerte y garantizó la resurrección de su pueblo. Ahora Satanás no tiene nada de qué acusar a los cristianos, no tiene autoridad de mandarlos, no hay perspectivas de muerte con la cual aterrorizarlos.

Entonces, ¿por qué Satanás todavía tiene poder?

Para decirlo de otra manera: si la muerte de Jesús ha derrotado a Satanás, ¿por qué todavía está activo en el

no tiene ningún asidero si lo piensas un poco. Si bien la muerte de Jesús fue el precio pagado para que pudiéramos ser libres del dominio de las tinieblas, en ninguna parte de las Escrituras encontramos que el pago por nuestros pecados se hizo a Satanás.

De hecho, el diablo no tiene autoridad para exigir un pago de Dios y ningún derecho a exigir una compensación por nuestro pecado. Y, como hemos visto, al principio estaba desesperado por evitar que Jesús diera su vida en sacrificio por su pueblo. Satanás hubiera estado muy contento de mantenernos como sus esclavos y súbditos.

En cambio, las Escrituras declaran que la deuda contraída por nuestro pecado era una deuda ***con Dios***. Al Creador debíamos nuestra adoración, amor y obediencia, y era su justicia la que debíamos satisfacer.

Al diablo no se le debe nada más que su propia destrucción. Por lo tanto, la muerte de Jesús tenía la misión de rescatarnos del poder de Satanás, pero fue un pago hecho para satisfacer la justicia de Dios.

mundo? ¿Por qué sigue siendo tan hábil para cegar al mundo y tentar al pueblo de Dios?

A lo largo del Nuevo Testamento vemos que nuestra salvación tiene tanto una *realidad presente* como un *cumplimiento final futuro*. Jesús vino a *iniciar* (a los teólogos les encanta hablar de «inaugurar») las bendiciones de la salvación de su pueblo; cuando Él vuelva *culminará* (los teólogos dirán «consumará») tales bendiciones. Entonces, por ejemplo: *ya hemos sido declarados santos («santificados») en Cristo* (1 Corintios 1:2), pero *aún no estamos libres de pecado en nuestra vida cotidiana* (1 Juan 1:8). Eso no sucederá hasta que Cristo vuelva y sea el comienzo de la nueva era.

Cristo ya ha llevado nuestros pecados, pero regresará para completar nuestra salvación (Hebreos 9:28).

Los hijos de Dios *ya* reposaron de la incertidumbre sobre su condición espiritual, pero *aún no* han entrado en el reposo final que Dios tiene reservado para ellos (Hebreos 4:9-11).

Si bien estas verdades en particular no son tan relevantes para el tema principal de este libro, una perspectiva bíblica en general nos ayuda a entender cómo es que Satanás puede estar derrotado, pero aun así seguir activo en el mundo.

Cuando Jesús vino y trajo consigo el reino de Dios, le dio el golpe decisivo a Satanás. Echaba fuera demonios como una señal de que el reino de Dios había venido a este mundo y que el diablo estaba dominado. De modo que, en este momento, Satanás ya está atado en cierta medida (Mateo 12:25-29); por ello no puede evitar que las buenas nuevas de Jesús se propaguen por todo el mundo. Su actividad en nuestras vidas está limitada por el poder del Espíritu Santo y la realidad de nuestro perdón delante de Dios.

No obstante, Satanás aún no ha sido *definitivamente* derrotado. Como hemos visto en capítulos anteriores, ciega las mentes de los incrédulos, tienta a los creyentes a pecar y, a grandes rasgos, aún trata de esparcir incredulidad, dolor y engaño por doquier tanto como puede.

Sin embargo, las Escrituras manifiestan que viene el día cuando se consumará la destrucción de Satanás. En Apocalipsis 20, Juan tiene una visión de un día futuro cuando Dios destruirá a las potencias de las naciones cegadas por Satanás y presionadas a servirlo. Leemos sobre el destino final de Satanás:

> Y el diablo que los engañaba fue lanzado en el lago de fuego y azufre, donde estaban la bestia y el falso profeta; y serán atormentados día y noche por los siglos de los siglos (Apocalipsis 20:10).

En ese momento, la victoria sobre Satanás que Jesús nos ha garantizado con su muerte será nuestra finalmente. El diablo ya no podrá tentarnos. Ya no tendrá poder para engañar al mundo. No podrá estorbar, matar o distorsionar nunca más.

Entonces, en conclusión, Satanás todavía está activo, pero su destino ha sido marcado. No puede ganar la batalla que ha estado librando contra Dios y su pueblo. Es absolutamente incapaz de arrebatar a uno de los hijos de Dios de su mano. Por lo tanto, Satanás se enfurece como un animal fatalmente herido, y entonces arremete e intenta hacer daño en el último tiempo que le queda. Es peligroso, pero el poder y la autoridad están en el nombre de Cristo; el resultado de esta batalla no está en duda. Los cristianos batallan contra el diablo y sus mentiras con la *confianza* de saber que está derrotado, pero también con la *precaución* de saber que un depredador moribundo aún puede infligir una dolorosa herida.

Capítulo 5

Nuestra vida: ¿Cómo debemos vivir en un mundo donde Satanás aún anda suelto?

¿Cómo es para un cristiano vivir en un mundo habitado por un archienemigo diabólico y asesino y su ejército de ángeles caídos? ¿Cómo podemos adorar a Dios y deleitarnos en Él cuando tenemos un enemigo invisible que siempre está tratando de socavar nuestros esfuerzos?

Se parece un poco a la trama de una penumbrosa película de terror o a la secuela de la serie *Crepúsculo* (escalofriante). Sin embargo, en realidad esa es exactamente la opinión de la Biblia sobre la vida en la tierra hasta que el Señor Jesús regrese. Este último capítulo aborda las preguntas sobre el lugar de Satanás en la espiritualidad cristiana; cómo vivir en este mundo frente a la actividad de Satanás.

Hemos visto en capítulos anteriores que nuestra vida cristiana no debe estar tan determinada por una perspectiva «sensacionalista» de la actividad actual del diablo, sino por una sensata percepción de quién es Satanás y de lo que está haciendo en el presente. Debemos estar alertas y atentos «para que Satanás no gane ventaja alguna sobre nosotros» (2 Corintios 2:11).

¿Cuáles son las armas en el arsenal de Satanás? ¿Cómo trata de aventajarnos? La Biblia sugiere algunas estrategias diabólicas distintas:

Tentación

A Satanás le encanta atraer a la gente al pecado. Si bien no puede hacernos pecar, conoce el orgullo, la ira, la lujuria y la ansiedad a los que somos particularmente propensos; y puede tramar situaciones en las que es más probable que cedamos. Satanás tiene cierta autoridad en el sistema de este mundo y, por lo tanto, puede provocar tentaciones que inciten nuestras pasiones y despierten nuestra incredulidad.

Esta es la razón por la cual Efesios 6:11 manifiesta que los cristianos deberían estar preparados para «las asechanzas del diablo». Satanás es fundamentalmente un estratega y conspirador; no puede hacer que sus trampas y tentaciones sean obvias o se arriesgaría a quedar expuesto. Si las personas vieran al diablo, sus tentaciones y asechanzas claramente, no caerían en ellas.

Piensa por un segundo qué sucedería si Satanás dijera la verdad cuando tentara a la gente. ¿Podrías imaginarte cómo sería? Imagínate si Satanás tratara de tentarnos de manera franca; podría ser algo así:

Satanás: Deberías engañar a tu esposa con esa bella muchacha de la oficina.

Persona: No, no lo creo. Está mal y lastimaría a mi esposa.

Satanás: De acuerdo. Es cierto; pero, mira, he realizado un análisis de costo-beneficio para ti. Esto es lo que obtuve:

Beneficios	Costos
1. Algunos momentos de placer físico (aunque comprometedores).	1. Desobediencia a Dios. 2. Interrupción de tu comunión con Dios. 3. La ruina o tal vez incluso el fin de tu matrimonio. 4. Humillación para tu esposa. 5. Un daño en la vida de tus hijos. 6. Humillación y exposición pública. 7. Te podría costar el empleo. 8. Podría perjudicar la vida de tu compañera de trabajo. 9. ¿Enfermedades? 10. ¿Embarazo no deseado? 11. Deshonra y vergüenza en tu iglesia. 12. Arruinarías tu testimonio público.

Persona: Sí, ya veo. Mmmm... no, gracias.

¡Por supuesto que Satanás no puede decir la verdad cuando nos tienta! Si lo hiciera, nadie en su sano juicio caería en sus tentaciones. Entonces tiene que usar el engaño y la trampa, y disfrazarse como un ángel de luz (2 Corintios 11:14). Tiene que prometer que el pecado puede traer la satisfacción, el placer y el gozo que Dios no puede darnos. Tiene que tratar de convencernos de valorar los placeres fugaces del pecado en vez de la comunión con Dios. Es una estrategia ridícula, pero funciona muy a menudo.

Seguramente, a esto se refiere la Biblia cuando nos llama a ser «sobrios» (1 Pedro 5:8); discernir la realidad de una situación, en lugar de dejarnos llevar por nuestra impresión.

Engaño

Satanás se nutre del engaño. Como un artista que trabaja con arcilla o pinturas al óleo, Satanás trabaja con mentiras. Por ello, al referirse a él, Jesús dijo:

> No hay verdad en él. Cuando habla mentira, de suyo habla; porque es mentiroso, y padre de mentira (Juan 8:44).

El diablo está detrás de cada falsa religión y su falso camino de salvación. En él se inspira cada falso maestro que enseña doctrinas demoníacas en el nombre de Cristo. Todo el que enseña mentiras tiene el aroma del maligno que lo rodea (1 Juan 4:1-6). El diablo esclaviza a las personas en redes de engaño y falsas creencias que les impiden amar y conocer al único Dios verdadero.

Por lo tanto, uno de los objetivos principales de Satanás es maximizar el sufrimiento al convencer a los seres humanos de creer cosas que no son ciertas. Piensa en todas las mentiras que han estado profundamente enraizadas en las sociedades humanas. A lo largo de la historia, las personas han creído que algunas razas son mejores que otras, que los hombres son superiores a las mujeres, que los ricos pueden explotar a los pobres cuantas veces quieran. Satanás ha engañado a pueblos enteros a creer que una viuda devota debe arrojarse sobre la pira funeraria de su esposo para morir con él, que se debe desamparar a las niñas bebés y dejar que mueran, que los niños deben ser la mano de obra de los talleres de trabajo como esclavos. Todas estas cosas nos parecen obviamente perversas; pero solo porque Dios, en su misericordia, nos ha abierto los ojos a dichos males; puedes estar seguro de que nuestra sociedad tiene sus propios puntos ciegos diabólicos.

Por ello, sumergirnos en la Palabra de Dios es tan vital para los creyentes. Solo cuando el Espíritu Santo nos permita ver el mundo, la sociedad en la que vivimos, nuestra iglesia y nuestra propia vida como Dios nos ve, nos daremos cuenta de cómo estamos cayendo en los engaños del diablo.

De modo que la mejor manera de defendernos

del diablo es meditar en la Palabra de Dios cada día, reunirnos regularmente con otros cristianos y escuchar juntos la predicación de la Palabra de Dios; animarnos unos a otros y «confesar la Palabra de Dios» mutuamente en nuestra vida.

Ataque

El apóstol Pedro nos advierte que el diablo ronda como un león, buscando a quién devorar (1 Pedro 5:8). En el contexto de la carta, que trata principalmente sobre cómo los cristianos deben soportar tiempos de persecución y sufrimiento, parece que una de las formas en que Satanás ataca como un depredador feroz es provocando sufrimiento en la vida del creyente. Su objetivo es sacudir su fe en Dios mediante circunstancias dolorosas (piensa en Job), para que su confianza se transforme en desesperación y desesperanza.

Esta arma es terrible, y cada vez que la veamos funcionar, podemos estar seguros de que hay una influencia demoníaca presente. Sin embargo, la capacidad del diablo de influenciar a los creyentes tiene límites (¡gracias a Dios!). Puede gobernar el corazón de los incrédulos, pero no el corazón de los hijos de Dios (1 Juan 3:10). De hecho, las Escrituras manifiestan que Satanás:

- No puede quitarnos la salvación. Las Escrituras afirman que Dios conoce a los que son suyos y que Satanás no puede arrebatar a las ovejas de Dios de su mano (Juan 10:28-29).

- No puede obligarnos a hacer nada. Antes estábamos bajo el poder de Satanás, pero ahora nos hemos vuelto a Dios (Hechos 26:18). Antes estábamos muertos en nuestros delitos y pecados, incapaces de hacer otra cosa que seguir a Satanás, pero Dios nos dio vida juntamente con Cristo y nos hizo sentar en los lugares celestiales (Efesios 2:1-10). Satanás puede tentarnos, atacarnos y tratar de influir en nosotros, pero no tiene poder o autoridad final.

- No puede leer nuestra mente. Las Escrituras no manifiestan explícitamente que Satanás no puede leer nuestra mente, pero parece una inferencia lógica. La Biblia describe a Dios una y otra vez como Aquel que conoce todas las cosas (p. ej., Salmos 139; Isaías 40:28). El Señor Jesús demostró su divinidad en el hecho de conocer los pensamientos de los hombres (Mateo 9:4). Satanás, sin embargo, es una simple criatura. No posee todo el conocimiento, y podemos estar seguros de que, si bien es un observador astuto de la conducta humana y puede deducir lo que podríamos pensar o hacer en una situación determinada, no tiene el mismo acceso que Dios a nuestra mente y nuestro corazón.

¿Cómo resisto al diablo en mi vida cotidiana?

Mientras vivimos como creyentes que esperan el regreso de Cristo y el fin de los terrores del diablo, debemos ser cuidadosos. Si el diablo anda alrededor como un león buscando a quién aplastar y devorar, entonces deberíamos estar totalmente despiertos y prevenidos de sus artimañas.

En la noche de la traición de Jesús, el Señor dijo a Pedro que Satanás quería «[zarandearlo] como a trigo» (Lucas 22:31). En el huerto de Getsemaní, Jesús le volvió a advertir que velara y orara para no caer en la tentación que se aproximaba (Mateo 26:41). En cambio, Pedro se durmió y al final no estuvo preparado cuando atacó Satanás.

Por lo tanto, no es coincidencia que cuando Pedro escribió más adelante sobre la necesidad de resistir al diablo, exhortó a los cristianos a ser «sobrios» y «velar» (1 Pedro 5:8). Batallamos contra Satanás al mantenernos alertas; al ser conscientes de lo que quiere y de cómo trabaja. No debemos ignorar a Satanás y sus maquinaciones, sino percibir sus trampas y engaños. Cuando nos sentimos tentados a pecar o cuando de repente nos sobrevienen pensamientos indebidos, debemos ser capaces de identificar la influencia del diablo para no ceder a ellos en nuestra mente y nuestro corazón.

Demasiados cristianos sienten que están a merced del diablo y sus planes; que su poder es tan grande que no pueden vencerlo en esta vida. Sin embargo, en referencia al diablo, las Escrituras nos exhortan a «[resistir] firmes en la fe» (1 Pedro 5:9). Su significado es que, si estamos firmemente cimentados y fundados sobre la roca de la verdad de Dios, Satanás no podrá movernos. Entonces, Santiago nos hace una promesa maravillosa: que si resistimos al diablo, huirá de nosotros (Santiago 4:7).

El apóstol Pablo incluye una metáfora poderosa de esta dinámica en Efesios 6. Compara nuestra preparación contra los ataques del diablo con un soldado que se pone la armadura antes de la batalla. Leemos en Efesios 6:10-18:

> Por lo demás, hermanos míos, fortaleceos en el Señor, y en el poder de su fuerza. Vestíos de toda la armadura de Dios, para que podáis estar firmes contra las asechanzas del diablo. Porque no tenemos lucha contra sangre y carne, sino contra principados, contra potestades, contra los gobernadores de las tinieblas de este siglo, contra huestes espirituales de maldad en las regiones celestes. Por tanto, tomad toda la armadura de Dios, para que podáis resistir en el día malo, y habiendo acabado todo, estar firmes. Estad, pues, firmes, ceñidos vuestros lomos con la verdad, y vestidos con la coraza de justicia, y calzados los pies con el apresto del evangelio de la paz. Sobre todo, tomad el escudo de la fe, con que podáis apagar todos los dardos de fuego del maligno. Y tomad el yelmo de la salvación, y la espada del Espíritu, que es la palabra de Dios; orando en todo tiempo con toda oración y súplica en el Espíritu, y velando en ello con toda perseverancia y súplica por todos los santos.

Aquí, Pablo nos está hablando de cómo luchar contra Satanás, y su consejo se divide en dos categorías. Por un lado, nos explica *de qué manera* debemos enfrentar a Satanás. En su exhortación a los cristianos, Pablo usa las palabras «fortaleceos», «velando» y «con toda perseverancia». En tan solo pocos versículos, los exhorta a «resistir» y tres veces repite «estar firmes».

Está claro que Pablo no cree que los creyentes deben vivir atemorizados y estremecidos ante la idea de los ataques del diablo. No es momento para la cobardía o la pereza; ¡aunque en el momento de la tentación, salir corriendo podría ser lo indicado! (ver Génesis 39:11-12). La batalla espiritual requiere fuerza, persistencia y un firme rechazo a apartarnos de la verdad de Dios.

Por otro lado, Pablo también menciona *con qué recursos* luchar contra los mecanismos de Satanás. Dado que nuestra lucha no es «contra sangre y carne», las armas que usamos en la batalla no son las mismas que se usarían para luchar en una guerra contra un enemigo humano (ver también 2 Corintios 10:3-5). Si Satanás es un mentiroso, debemos tener la Palabra de Dios lista (piensa en las respuestas de Jesús al diablo en la tentación del desierto). Debemos tener una fe que no se deje convencer de nada que no sea verdad. Si Satanás detesta ver que los pecadores se salvan por la misericordia de Dios, debemos combatirlo con los pies listos para predicar el evangelio y el corazón convencido de nuestra salvación. A través de la oración y el poder del Espíritu Santo, podemos estar seguros de que el formidable poder de Dios nos sostendrá en la batalla.

Observa también que las instrucciones de Pablo están dirigidas a *una iglesia*. Los verbos y pronombres están en plural. Les está diciendo a los hermanos que se mantengan firmes y resistan juntos cada ataque satánico. Esto sucede cuando las iglesias escuchan la predicación de la Palabra de Dios, buscan juntos la santidad y fortalecen su fe a través de los sacramentos y la comunión. Entonces, aunque es conveniente poner en práctica la instrucción de Pablo en nuestra vida individual, hay una manera concreta de participar juntos en la guerra espiritual en la iglesia donde normalmente nos congregamos.

¿Qué debo hacer si me enfrento con algo que parece actividad demoníaca?

Las escenas de las películas de Hollywood pueden evocar imágenes de batallas épicas entre exorcistas especialmente adiestrados que representan a Dios y endemoniados que vomitan sopa de arvejas, pero la realidad suele ser muy diferente.

Las personas que afirman haber visto o experimentado actividades demoníacas describen todo, desde actividades sobrenaturales (objetos inanimados que vuelan a través de una sala) hasta voces extrañas, sensaciones físicas y un intenso sentimiento personal de que el maligno está presente. ¿Pero qué deberías hacer si sospechas que hay actividad demoníaca a tu alrededor?

En primer lugar, a pesar de que puede ser aterrador (o al menos bastante espeluznante), ***no deberíamos pensar que esta experiencia es tan poco común***. En el Nuevo Testamento vemos diferentes tipos de personas que se enfrentan a fuerzas demoníacas. En distintas ocasiones, el Señor Jesús, los doce apóstoles, los setenta e incluso algunos que no eran apóstoles, todos entran en conflicto directo con los demonios. Al parecer, los autores de las Escrituras piensan que es algo que sucede habitualmente.

Ahora bien, la Biblia no nos brinda un manual paso a paso para saber manejar este tipo de situaciones. No obstante, aquí hay algunas sugerencias que pueden ser útiles:

- *No te asustes.* Sea lo que sea que esté sucediendo, estás viviendo en el universo de Dios. Puedes confiar en que Él tiene el control de la situación. No tenemos un espíritu de cobardía (2 Timoteo 1:7).
- *Ora.* A fin de cuentas, nuestra esperanza está en Dios. Entonces, la manera de comenzar es pedirle ayuda. También podría ser bueno pedir a otros cristianos que se unan a ti en oración.
- *Lee las Escrituras.* La Palabra de Dios se describe como «la espada del Espíritu» en Efesios 6:17. Es un arma mortal cuando se empuña con humilde fe. Puede ser especialmente

beneficioso leer pasajes que hablen de la victoria de Cristo sobre el diablo (p. ej., 1 Juan 3:8).

- *Recuerda que Jesucristo es más poderoso que nadie*. Ya que no hay razón para pensar que los demonios pueden leer nuestra mente, podría ser conveniente afirmar de manera audible al demonio tu fe en Cristo y su poder.

Las Escrituras no alientan a los cristianos a estar buscando conflictos con los espíritus malignos. Sin embargo, *sí* nos enseñan a ser conscientes de que tales encuentros pueden ocurrir. Por lo tanto, debemos estar espiritualmente atentos y evitar los pecados que podrían adormecer nuestra alma y renovar cada día nuestra confianza en el poder del Señor. Si como seguidores de Cristo enfrentamos actividad demoníaca, podemos confiar en que el Señor nos guiará y protegerá.

Entonces, he pecado. ¿El diablo me obligó a hacerlo?

Los escritores del Nuevo Testamento casi nunca hablan del pecado de un cristiano en términos de influencia demoníaca. Pablo se refiere a los falsos maestros que han caído en el lazo del diablo y están cautivos a su voluntad (2 Timoteo 2:26), y los obispos de una iglesia que, si son neófitos, corren el peligro de caer en una trampa del diablo (1 Timoteo 3:6-7); pero, cuando se dirige a los creyentes que pecan, por lo general, lo hace en términos directos. Entonces, por ejemplo, en Efesios 4:25-32, Pablo nos instruye:

> Por lo cual, desechando la mentira, hablad verdad cada uno con su prójimo; porque somos miembros los unos de los otros. Airaos, pero no pequéis; no se ponga el sol sobre vuestro enojo, ni deis lugar al diablo. El que hurtaba, no hurte más, sino trabaje, haciendo con sus manos lo que es bueno, para que tenga qué compartir con el que padece necesidad. Ninguna palabra corrompida salga de vuestra boca, sino la que sea buena para la necesaria edificación, a fin de dar gracia a los oyentes. Y no contristéis al Espíritu Santo de Dios, con el cual fuisteis sellados para el día de la redención. Quítense de vosotros toda amargura, enojo, ira, gritería y maledicencia, y toda malicia. Antes sed benignos unos con otros, misericordiosos, perdonándoos unos a otros, como Dios también os perdonó a vosotros en Cristo.

De hecho, Pablo menciona al diablo en este pasaje, para decirnos que no le demos la oportunidad de tentarnos al insistir en el enojo y la ira. Sin embargo, aunque nuestro pecado da oportunidad a Satanás de llevar a cabo sus planes en nuestra vida, Pablo no considera que el diablo y sus demonios son los causantes fundamentales de nuestro pecado. Observa que el apóstol no les ordena que tengan cuidado con el demonio de la mentira o que estén a atentos contra algún espíritu maligno que pueda tentarlos a usar un lenguaje ofensivo. Pablo simplemente les dice que estas cosas son inapropiadas y que el pueblo de Dios no debería tener nada que ver con ellas. El pecado no es evidencia de fortalezas demoníacas en nuestra vida; solo se trata de nuestra desobediencia que es incongruente con nuestra salvación en Cristo. No necesitamos un título avanzado en demonología para ser obedientes; no necesitamos exorcismo o liberación.

De modo que, como cristiano, una de mis motivaciones para evitar el pecado es el deseo de mantener a Satanás a raya. El diablo quiere que me deshonre a mí mismo y deshonre a Cristo al entregarme al pecado. Quiere que sea un marido egoísta y un padre impaciente. Él es más feliz cuando estoy hundido en mi pecado. No quiero esos hábitos y patrones en mi vida, por ello resisto a Satanás y sus tentaciones. Sin embargo, él no tiene poder para obligarme. Dios promete que no permitirá que la tentación sea mayor de lo que pueda soportar (1 Corintios 10:13). Entonces, la única persona que puede inducirme a hacer algo soy yo mismo.

Conclusión

En la introducción, profundizamos en la advertencia de C. S. Lewis de que Satanás está contento con nuestra ignorancia o nuestra obsesión con él y su actividad. La perspectiva de la Biblia sobre el tema parece estar dividida. Por un lado, Satanás es un oponente real y peligroso; anda al acecho y ejerce influencia en el mundo e incluso en nuestra vida. Sin embargo, por otro lado, los cristianos no están a su merced. La salvación que Cristo compró nos hizo libres de la tiranía del diablo y, por lo tanto, ya no somos esclavos del pecado y la muerte. En cambio, estamos bajo la autoridad del Espíritu de Dios y llevamos su fruto en nuestra vida.

Entonces, ¿debemos ser conscientes del diablo? *Sí.*

¿Debemos estar atentos a sus intenciones y su manera de actuar para poder evitarlo? *Definitivamente.*

¿Debemos obsesionarnos con él y buscar un demonio detrás de cada pecado? *No.*

¿Debemos temblar ante su poder y su ira? *¡De ninguna manera!*

El poder y el conocimiento de Satanás son limitados; su destino funesto es seguro. No se merece nuestro tiempo, nuestra obsesión ni nuestras emociones. En cambio, debemos vivir con nuestros ojos fijos en Jesucristo, quien nos hizo libres de la ira del diablo y nos dio la esperanza segura de que algún día nos libraremos de él para siempre.

¿Es acertado el punto de vista de C. S. Lewis sobre el diablo?

Para muchos, ***Cartas del diablo a su sobrino*** de C. S. Lewis es el único libro (¡aparte de la Biblia!) que más ayuda en el conocimiento del diablo y cómo trabaja.

El relato novelesco de Lewis de las cartas de un acérrimo tentador a su sobrino lo convierte en una lectura maravillosa. Lewis tiene una manera distintiva de satirizar la forma sutil y cotidiana en que las personas caen bajo el dominio de las tentaciones del diablo. Sin embargo, ¿es el libro una guía confiable para el maligno?

La respuesta es «probablemente» o «en su mayor parte». Lewis es brillante en su capacidad de ver cómo se filtran en la vida cotidiana creencias falsas y comportamientos irreflexivos; cómo, sin saberlo, las personas siguen estrategias del propio manual de Satanás. Sin embargo, el libro de Lewis no pretende ser un libro de texto de teología, y contiene algunas afirmaciones que no están respaldadas por las Escrituras (o al menos habría que darles otro matiz).

Entonces, por ejemplo, en la carta 5, Escrutopo se queja de que Dios: «A veces premia a humanos que han dado su vida por causas que Él encuentra malas, con la excusa monstruosamente sofista de que los humanos creían que eran buenas y estaban haciendo lo que creían mejor».

Esa afirmación podría ser cierta, pero por sí sola no lo es. El Dios de la Biblia es santo y no acepta nuestros mejores intentos solo porque fueron bienintencionados. Es cierto que Dios premiará (salvará y tendrá misericordia) a las personas que han servido en causas malas, pero solo si vienen a Cristo con arrepentimiento y fe, así recibirán la expiación por sus pecados.

Entonces, en líneas generales, te recomendaría que leyeras ***Cartas del diablo a su sobrino*** y sacaras provecho de la visión de Lewis sobre la naturaleza del pecado y la tentación. Solo ten discernimiento sobre lo que estás leyendo.

Cuando ocurre un desastre; cuando ocurre una tragedia personal; cuando estamos perplejos por los acontecimientos mundiales, los cristianos podemos comenzar a dudar de que Dios sea realmente bueno o que realmente tenga el control. Christopher Ash trata este tema sin vacilar ante ninguna de las dificultades.

La palabra *infierno* evoca todo tipo de pesadillas en las mentes de las personas. ¿Cómo puede un Dios que la Biblia dice literalmente que "es amor" condenar a alguien a una eternidad de tormento? En este breve libro accesible, el pastor y autor Erik Raymond trata este importante tema para todos con calidez pastoral y claridad bíblica.

¿Está Dios en contra de los gays? ¿Cómo debemos relacionarnos tanto con los cristianos como con los no cristianos que experimentan atracción hacia el mismo sexo? En este libro de fácil lectura, Sam Allberry quiere ayudar a los cristianos confundidos a comprender lo que Dios ha dicho en las Escrituras sobre estas preguntas, y ofrece un camino positivo y liberador a través del debate.

EDITORIAL
PORTAVOZ

NUESTRA VISIÓN

Maximizar el efecto de recursos cristianos de calidad que transforman vidas.

NUESTRA MISIÓN

Desarrollar y distribuir productos de calidad —con integridad y excelencia—, desde una perspectiva bíblica y confiable, que animen a las personas a conocer y servir a Jesucristo.

NUESTROS VALORES

Nuestros valores se encuentran fundamentados en la Biblia, fuente de toda verdad para hoy y para siempre. Nosotros ponemos en práctica estas verdades bíblicas como fundamento para las decisiones, normas y productos de nuestra compañía.

Valoramos la excelencia y la calidad.
Valoramos la integridad y la confianza.
Valoramos el mérito y la dignidad de los individuos y las relaciones.
Valoramos el servicio.
Valoramos la administración de los recursos.

Para más información acerca de nuestra editorial y los productos que publicamos visite nuestra página en la red: www.portavoz.com.